U0347220

瞪羚图书
Gazelle Book

复盘
经营计划

挖掘影响业绩的
深层原因

博商咨询团队

著

机械工业出版社
CHINA MACHINE PRESS

对于所有中小企业经营者而言，制订年度经营计划，找准需求目标并规划企业的市场布局，是必须直面的经营挑战。如何掌握企业真实、全面的运营状况？如何制订有效且符合企业实际的经营计划？如何通过年度经营计划实现业绩增长？这些问题触及了许多经营者的盲区。

《复盘经营计划：挖掘影响业绩的深层原因》是一本兼具理论完整性和操作实用性的工具书，以复盘的视角，从思维复盘、策略复盘和复盘实战三个方面介绍了年度经营计划从设计到落地的有效方法、流程和工具。"年度经营循环"作为全书的核心方法论，分别从市场洞察、战略设计、核心策略、关键行动、明确责利、跟进追踪、绩效评估、持续改进、组织能力等九个方面阐述了企业制订年度经营计划的要点和注意事项。本书能够帮助经营者构建复盘思维和管理模式，在制订年度经营计划时更加得心应手。

图书在版编目（CIP）数据

复盘经营计划：挖掘影响业绩的深层原因 / 博商咨询团队著. — 北京：机械工业出版社，2022.7
ISBN 978-7-111-71261-9

Ⅰ.①复… Ⅱ.①博… Ⅲ.①企业管理–年度计划 Ⅳ.① F272.15

中国版本图书馆CIP数据核字（2022）第133857号

机械工业出版社（北京市百万庄大街22号　邮政编码100037）
策划编辑：曹雅君　　　　　　责任编辑：曹雅君　蔡欣欣
责任校对：贾海霞　王明欣　　责任印制：李　昂
北京联兴盛业印刷股份有限公司印刷

2022年10月第1版第1次印刷
148mm×210mm·8.375印张·3插页·172千字
标准书号：ISBN 978-7-111-71261-9
定价：69.00元

电话服务　　　　　　　　　　网络服务
客服电话：010-88361066　　　机 工 官 网：www.cmpbook.com
　　　　　010-88379833　　　机 工 官 博：weibo.com/cmp1952
　　　　　010-68326294　　　金 书 网：www.golden-book.com
封底无防伪标均为盗版　　　机工教育服务网：www.cmpedu.com

为什么大多数企业做不大

中国的工商主体有 4 000 多万，其中的 99% 都是中小企业。大多数企业昙花一现，每年新注册的 600 多万家企业中，绝大多数都活不过 3 年。这其中的问题出在哪里：是老板的能力不够吗？有的老板个人能力很强，但是企业也没有活下来；是行业自身的问题吗？但是行行都出"状元"；是战略方向或模式不对？中国的老板很擅长学习别人的模式，而且模仿别人的模式门槛也并不高；是资源不够的问题吗？很多中小企业老板的人脉并不比大企业的老板差！那么，中小企业做不大的根本原因究竟是什么呢？

对中小企业而言，找咨询机构太贵，在商学院也找不到答案，那么，他们真的只能依靠自己去摸索经营之道吗？

从 1998 年开始，本人全身心地投入中小企业的经营之中：在中小企业里工作，为中小企业做咨询，伴随着许多企业从小做到大……自 2006 年创立博商学院以来，我们为几万名中小企业的经营者提供了管理教育服务。因为与中小企业进行了长期的接触，我对其情况就有了更好的了解。如果要问经营者们为什么要创办企业，标准答案可以归纳为一个公式：创业动机＝看到机会＋想赚钱。既然是这样的出发点，那么创业初期经营者的经营焦点一定要放在怎样把机会变现上。除非经营者曾经在相对规范的企业待过，否则，这时候的企业基本上和管理搭不上关系。此时的经营者一心就想让企业活下去，逐渐做大，然后赚钱。

那么，企业在什么时候开始出现管理意识的呢？首先，当企业规模扩大，企业内部开始出现部门，即出现所谓的职场"江湖"时，矛盾会增多；其次，企业的订单、场景增多时，靠一个人的记忆和经验已经无法应对，企业会开始不断出差错。总结起来就是："江湖"＋差错＝问题。由于问题影响企业能否"赚钱"，因此，老板就会从赚钱的快感中抽离出来，去关注问题的解决。这时候，老板的个人禀赋开始派上用场：有些老板懂人性、情商高，可以通过各种方法去协调、斡旋、制衡各种冲突，来解决"江湖"的问题；有些老板逻辑思维能力强，善于剥茧抽丝，找到问题的根源。但不管如何，总有"按下葫芦浮起瓢"的忙乱感。

这时候，有的经营者会想到通过引进管理层或者聘请咨询公司来解决这些问题。但实际上，取得好效果的企业只是少数，问题的关键出在老板本人的决心上。举一个简单的例子，一个特别爱吃辛辣食物的人牙齿坏了，需要医生治疗，医生说要想牙齿好，就必须在一个月内不吃辛辣食物，那人却说那不行，我治疗牙齿就是为了吃，不让吃我还治疗什么呀？大多数老板都会在这个循环中不断摇摆。为什么摇摆？可以用一句话来总结：做管理，成本上升影响赚钱；不做管理，要赚钱就会问题不断。老板的摇摆会让员工怀疑管理的力量，久而久之，一家企业一边靠做生意赚钱，一边因问题增加运营成本，没有运营经验的积累、核心人才的积累，也没有太多资源的积累，一旦原来的生意变得不赚钱，缺少积累的企业想转型却难以成功，不转型则是等死，也就正式宣告结束！员工找新的工作，老板找新的机会，又开始进入下一个循环，超过 99% 的企业都在生死轮回中难以超脱！

中小企业有没有可能以符合逻辑的方式来做企业经营和管理呢？答案当然是可能的，一开始就按照符合逻辑、符合理性的方式来运营一家公司，凡是不符合逻辑的事情都不长久。年度经营计划融合战略、营销、运营、人力资源和财务等多个模块，让企业从市场洞察开始，确定好战略定位，设计好公司的战略目标，确定核心竞争优势，产生每年需要做的关键策略，将策略分解成工作计划，并通过过程追踪达成目标，让企业方向明显、目标清晰、上下同欲、焦点集中，让企业始终在符合理性和逻辑的轨道上运营，提升运营效率，打造持续的竞争力。在过去的职业生涯中，这是我长期使用的管理工具，帮助了很多企业成长，也帮助我自己创立的博商学院获得十几年的持续成长。

年度经营计划的价值，与阿米巴、股权激励、战略管理等其他管理工具的区别，就像中医和西医的区别。管理理论研究将经营管理"大卸八块"，"切"成战略、营销、运营、人力资源、财务等垂直的职能模块，采用相应的方法和工具，正所谓"头痛医头，脚痛医脚"，然而这种方式却难以取得理想的结果。企业就像一具完整的躯壳，是一个有机且不可分割的整体，牵一发而动全身。经营者在做年度经营计划时，要把企业作为一个整体来进行管理：既要关注结果的达成，也要关注结果达成所需要的能力、资源和过程的配置；既有基于融合战略、营销、运营、人力资源和财务等模块的顶层设计，也通过全年年度计划不断推进而得到落实，让经营者的想法切实落地。

既然年度经营计划这么有价值，为什么用的人那么少？首先，年度经营计划要融合战略、营销、运营等多个管理模块，体系庞杂，让中小企业管理者没有亲近感，望而却步；其次，市面上关于年度经营计划的好书不多，大多只讲流程、逻辑，中小企业懂了流程、逻辑，但缺乏具体工具还是做不出来年度经营计划；最后，驱动年度经营计划需要管理层全体的参与，对于很多企业负责人来说，缺乏一套有效的方法和工具，来统一管理层的想法，调动大家行动的积极性。博商学院基于几万名中小企业主的培养和赋能实践，提炼和总结出制订一套中小企业年度经营计划的系统方法和工具，其中很多案例是博商学院自身的实践经验，旨在帮助更多企业在推进年度经营计划时降低难度，少走弯路。

那么，什么样的人需要看这本书呢？我总结出以下 6 类人群：

（1）心中有很多疑问，但不知道从哪下手的企业经营者，可以看这本书。在制订年度经营计划时，本书可以让你"抓大放小"，聚焦核心目标，关注经营重点。

（2）年初想法很多，但年底啥也没干成的经营者，可以看这本书。在制订年度经营计划时，本书可以让你系统分解经营目标，有计划地推动想做的事情，使经营目标顺利达成。

（3）犹豫要不要做年度经营计划的经营者，可以看这本书。它可以让你坚定决心，减少顾虑。

（4）做了多年年度经营计划，但是没多大效果的经营者，可以看这本书。它可以让你明白，为什么过去的年度经营计划没有效果。

（5）负责帮助企业主推动年度计划的总助或管理者，可以看这本书。它让你在推进年度经营计划的过程中，有更多方法和工具，树立自身的权威形象。

（6）看过许多管理类图书、上过许多管理类课程，但依然不理解企业如何运营的人，可以看这本书。本书能够帮助你把所有学到的管理知识嵌入企业整体运营体系中，从而得到应用。

接下来，就让我们走进这本书中吧！

博商咨询团队

目　录
Contents

第 1 篇
思维复盘篇

本篇共分为 3 章内容，主要阐述复盘和经营计划的底层逻辑。

《论语·学而》有云："吾日三省吾身。"这表明进行自我审视的重要性。企业的复盘，要求经营者在审视过去的同时，学习其中具有启发性的经验。本篇第 1 章将回答复盘的概念、种类以及对企业经营的作用等问题，并详细阐述复盘是实现企业业绩增长的有效方法。

在本篇第 2 章中，我们将依次对企业的目标、重大计划、决策、人才和自我进行复盘，并提供具体的复盘工具，让复盘成为企业的经营习惯。

一个好的年度经营计划之于企业，犹如一个好的剧本之于电影。在本篇第 3 章中，我们将复盘企业的年度经营计划，并提出年度经营循环的概念。年度经营循环是贯穿全书后面章节的话题，亦是年度经营计划的重点。

希望读者在学习本篇内容之后，对复盘企业的经营计划有一定的认知，养成定期复盘的习惯。

第 1 章

企业为什么需要复盘

1.1　什么是复盘

　　华为内部有一类被称为"民主生活会"的复盘会议。会议每 3 个月或半年举办一次，要求全体中高层管理者参与，其中也包括任正非。通过这类会议，华为做到了自我批判、自我反思和自我学习。华为在一次次的企业复盘中，优化了组织管理机制，提升了企业的创新力，为企业一步步做强打下坚实基础。事实上，复盘不仅仅是简单的"事后反思"，而是结合各类因素，优化当前决策的过程。在本节中，我们将学习复盘的由来、概念，以及企业复盘的基本思路。

由棋局引申而来的复盘思维

　　在围棋的棋局中，高手往往在博弈之后，将对弈的过程进行还原、研析以探讨其中的精妙之处，并指出过程中的攻守疏漏，使双方更加深入了解对方的思维和策略活动，并总结出一套更系统的对弈套路。这个过程被称为复盘。

在围棋比赛中，复盘是提高选手棋力的重要手段。尤其在与高段位的围棋大师对决时，可以通过复盘学习对方更卓越的棋局处理方式，发现自己的不足，从而不断提高自身的水平。

复盘不仅是高手们在棋局上提升水平的思维方法，而且能够运用于个人能力的修炼和企业的经营成长上。联想集团是我国最早利用复盘进行经营的企业。在 2008 年的金融危机中，联想集团利用"四步复盘法"扭转了亏损局面，并逐步成长为 IT 行业的巨擘。关于"四步复盘法"，我们将在第 2 章详细阐述。

企业复盘，需要企业或组织个体发挥主动性，对过往的成功或失败的经验加以审视，再基于当前形势，做出符合实现目标的决策。如今，有越来越多的中小企业在经营过程中，更加注重复盘。

企业复盘的 4 种方式

复盘不仅仅是一种思维方式，更是一种策略。在企业的经营过程中，复盘能为执行者提供多方面的提升。那么，企业都有哪些具体的复盘方式呢？常见的企业复盘方式有个人复盘、团队复盘、项目复盘和企业战略复盘，如图 1-1 所示。

个人复盘是最基本的复盘方式；团队复盘的基本形式是团队复盘会议，对完成团队绩效有巨大作用；项目复盘关系到企业年度重大事项，有利于企业管理能力和组织协同能力的提升；企业战略复盘则关系到企业的年度经营计划和整个企业的发展方向，与企业的命运相关。在实际的经营过程中，经营者要将这4种复盘方式有机结合，从而帮助企业实现经营目标。

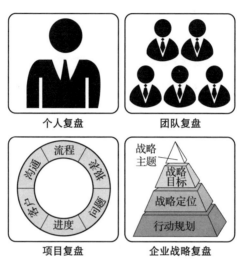

图1-1　企业复盘常见的4种方式

在企业的经营管理中，我们可以利用各种方式进行复盘。那么，复盘又有哪些作用呢？图1-2展示了复盘企业经营的作用。

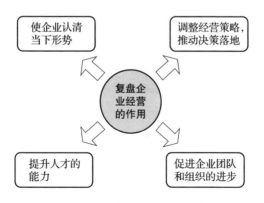

图1-2　复盘企业经营的作用

首先，复盘能够使企业认清当下形势。比如，企业的年中复盘能够帮助其发现上半年的经营问题：年度经营目标是否能够完成？外部形势是否出现偏差？员工 KPI 是否达标？等等。帮助企业认清经营现实，把成功转化为动机，将失败转化为经验，以推动企业下半年的经营。

其次，复盘能够针对当下问题，调整经营策略，推动决策的落地。经营决策是根据目标制定的，假如客观形势发生改变，则应相应做出调整。复盘企业经营，可以及时发现决策中不切合实际的部分，通过具体的策略调整，推动决策实施，并通过绩效考核与沟通，使决策落到实处，帮助目标达成。

再者，复盘可以促进企业团队和组织的进步。复盘，其本质是对经验和知识的学习和积累。企业各种各样的复盘会议和沟通，可以帮助企业中的各个组织化解矛盾、学习对方的长处，提高企业团队的凝聚力和经营水平，从而提高企业的软实力和竞争力。

最后，复盘能够提升人才的能力。企业中的个人，可以通过各种方式的复盘，借鉴更加优秀的理念，学习相关知识，使自身在业务水平、管理能力、绩效考核、人际交往方面，都有很大提升。企业中人才的水平提高了，企业的整体水平也就提高了。

《荀子·劝学》有云："君子博学而日参省乎己，则知明而行无过矣。"在古代，先辈们就已经懂得了躬身自省的道理。而在现代企业管理中，经营者更应注重复盘，充分有效地利用复盘经营，让企业在市场站稳脚跟，让自身走向事业的高地。

1.2　复盘：实现企业业绩增长的有效方法

盈利是所有企业经营的根本目标。如果企业不能凭借盈利来养活自己，只能依靠投资者不断地"输血"，其实质是在消耗社会资源，不利于整个市场的良性发展。然而，企业业绩的增长不是靠嘴上功夫，而是需要经营者进行深入浅出的经营实践。在企业经营的过程中，经营者总会遇到各种各样的难题，而复盘通常是走出经营困境的有效方法。

在本节中，我们将了解制约中小企业规模扩大的 3 大管理难题、市场"熵增"与利润的关系，并学习存量带增量的方法，从而实现企业业绩的增长，帮助中小企业摆脱做不大的经营困境。

制约中小企业规模扩大的 3 大管理难题

如何扩大企业的规模，是困扰绝大多数中小企业经营者的难题。有许多中小企业会遇到业绩增长慢，甚至是负增长的情况。其原因何在？我认为，根本原因在于企业的内部管理。那么有哪些内部管理难题制约企业规模的扩张呢？在我看来，主要有 3 个：企业并购管理、经营变革管理、企业瓶颈期管理。下面我们对其展开具体讨论。

（1）企业并购管理。

企业的并购管理极为复杂。如今的资本市场已经转变成注册制，这意味着上市公司的价值会自上市之日起就逐步分化。更多的资本会向头部企业靠拢，各散户和非专业的投资者将会被市场逐渐清出。因此，很多老板为了让企业规模迅速扩大，会考虑进行企业并购，将几家企业合并到一起，这样不但会让并购企业的体量和利润迅速增长，而且对于企业上市有利。

实际中的企业并购过程十分烦琐，有许多难以预料的情况出现，企业间的融合未必能够达到"1+1>2"的效果。事实上，许多企业在并购之后都无法相处融洽。在很多情况下，企业间的内耗甚至要大于并购带来的益处。企业并购不但不能"共赢"，反而大概率会造成"双输"的局面，造成各类资源的流失，这为后续的管理工作带来诸多困难。企业效益因此也得不到提高，最终制约了业务增长和规模扩大。图 1-3 反映了企业在并购过程中出现的资源流失现象。

图 1-3　企业并购过程中出现的资源流失现象

（2）经营变革管理。

经营变革制约了企业的发展。当企业的产业方向发生剧烈转变时，企业的管理将可能变得棘手。我们不妨举一个例子。

国内有一家房地产企业看中了矿泉水业务，投入了巨额资金发展矿泉水业务。但在实际的生产经营中，由于经营思维难以转变，业绩一直无法突破，甚至到中后期出现连年亏损的情况，无奈只得将矿泉水业务转让了出去。图1-4是该企业发展矿泉水业务的经营变革情况。

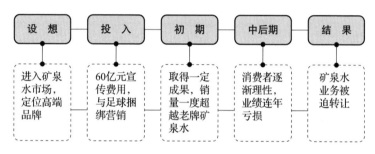

图1-4　某房地产企业发展矿泉水业务的经营变革情况

对于一家处于经营变革之中的企业来说，管理确实不好做，映射到具体情形上，就是公司业务定位经常出问题，在此环节耗费大量的精力和财力，消耗企业的实力。房地产属于高毛利行业，而矿泉水属于低毛利行业。企业一旦从事过高毛利的业务，再转行去做低毛利的业务，其经营思维是很难转变的，这也使管理上出现重重阻碍。

教育培训行业也是一个毛利较高的行业。如果让某教育培训机构进军制造业，估计也很难做好。企业都是自带基因的，转换基因的管理并不好做，企业就更难做大了。

（3）企业瓶颈期管理。

制约企业规模扩大的第三个管理困境，是企业处于瓶颈期管理。上海某照明公司是一家进行节能灯光源生产的企业，经过数十年的发展，销售额已经突破 1 亿元。目前，公司设立了多个工厂，拥有 500 多名员工，并设立了营销总部，下辖拓展部、销售部和市场部。然而，伴随着公司规模的扩大，其业绩水平却止步不前，陷入了发展瓶颈期。该照明公司一直沿用起步阶段的营销模式，市场渠道处于无序状态，忽略经销商的库存，使仓库占用大量的公司资源。这导致该公司陷入了财务危机之中。

当一家企业一路蹈厉奋发、规模迅速扩大之时，企业自身存在的一些缺陷和管理漏洞很容易被忽视。此时企业的经营过程更多的是积累资本的过程。企业的员工在公司规模不断扩大的形势下都拥有很高的工作积极性。公司一旦发展到一定规模，进入瓶颈期，两三年都停滞不前，那么之前很多小问题都会变成影响公司继续发展的大问题。

有时候根本不用三年，三个月的业绩下滑，就足以让诸多以销售为主体的公司焦头烂额。以博商管理（以下简称博商）为例，如果业绩连续两个月下滑，那么到第三个月，一定会制定各种激励措施，鼓励员工将业绩提上去，否则销售团队很可能会产生经营焦虑，不利于内部管理。不让业绩连续三个月下滑，也是博商的一条铁律。

经历过转型的阵痛，企业才能在市场中生存下来。当陷入经营管理困境时，企业需要通过复盘经营思维和策略，从旧的经营管理模式转变到新的模式上来，实现瓶颈的突破。

市场"熵增"：企业业绩下滑的根源

热力学中有一个经典的"熵增"定律，它表明整个宇宙都处于"熵增"状态。所谓"熵增"，就是一个从有序走向无序的过程。当"熵"增加的时候，系统的总能量保持不变，但是可用部分减少了。

把"熵增"放到市场上来看，无论什么行业，在市场稳定的前提下，其未来的利润肯定是越来越少的。随着周期的更迭，一个产品可以为企业创造的利润也会越来越少；一家企业，随着"年纪"变大，经营效率在慢慢下降，导致其获得的利润水平也逐年下跌，企业业绩也将越来越难做。

"逆水行舟，不进则退。"把企业做大做强的过程，也就是对抗"熵增"的过程。在整体利润水平下行的趋势下保持企业的盈利水平，是大多数企业经营者要面对的问题，也是必须明白的道理。

经营策略：利用存量带增量

企业业绩的增长离不开产品的品质和销量，而产品是企业经营的产物。要打造好的产品，离不开企业的人才、资金、经验、客户等各方面的支持。一家公司经营一年下来，在年底复盘的时候需要留下一些上述的资源，这些都是公司的宝贵存量。企业就可以通过以存量带增量的方式，对存量进行优化，让企业在新的年度做出更大的增量，从而带动业绩的增长。

那么，如何利用存量带增量呢？

很多企业在经营一年以后复盘发现，企业的存量根本没有变化，人才、经验、客户、资金和去年别无二致。这也就意味着，下一年公司的发展前景将会很不乐观。要利用存量带增量，首先要抛弃传统的经营思维。

两种思维的对比人才要留在身边，资金要攥在手中，经验要消化沉淀，客户要留在身边。但是，这种过于保守的存量思维已然跟不上现代企业经营的步伐。我们需要打开新的经营思维——利用存量带增量。接下来，我们就对新思维的四个要点进行分析。

表 1-1　企业对于存量的两种思维对比

项目	传统思维	新思维
人才	留在身边	训练并提升能力；引进新人才
资金	攥在手中	合理使用；提高运转效率
经验	消化沉淀	引入新的营销理念；引入新的管理方法
客户	留在身边	将小客户培养成大客户；开拓新的客户群体

（1）人才：优秀人才的训练与引进。

对于人才，企业需要训练、提升他们的能力，而不是牢牢将其控制在身边。即便是再优秀的人才，如果不给他们足够的发展空间，让他们每天面对着同样的工作，他们也总会有倦怠的一天。而企业当中的人一旦失去工作斗志，那么企业的构架就会日渐松垮，渐渐从内部腐蚀企业的竞争力。此外，除了发展企业内部优秀的人才，还需要根据市场、时代需要，引进拥有新技能的人才。新的人才拥有新的理念、新的技能和新的关系网，能够为企业的发展壮大提供新鲜血液。做到这些，就能够为企业的人才存量带来新的增量，提升企业内部的活力。

（2）资金：提高资金运转效率。

企业的资金就像是水库里面的水，如果不适当"放出去"一些，那么总会有溢满决堤的一天，从而冲毁整个水库，实为得不偿失。对于有效资金，企业要把它用活，在与企业命运相关性强的地方投入使用，提高企业资金的有效运转率，从而提升资金存量的增量。

（3）经验：新理念的引入。

企业经营的经验是不断积累和完善的。一方面，企业经验能够为其在管理和拓展的过程中查漏补缺、添砖加瓦；另一方面，落后保守的企业经验也会造成经营效率降低，成为新时期发展的累赘。如果要扩大企业的存量带，就应该引入符合市场趋势的经营理念和管理方式，对企业的内部管理进行权责分化，这样才能为企业的发展提供内驱力。

（4）客户：培养并扩大客户群体。

客户环节是企业存量带中最重要的一环，与企业的盈利水平直接相关。经济学中有一个"二八定律"，讲的是20%的客户创造80%的利润，而剩下80%的客户只能创造20%的利润。如果我们只是着眼于当下的这些客户，那么就只能在这些客户中拿到永远不会增长的收益。由于市场"熵增"的关系，企业只会亏损，无法真正盈利。激活存量带的新思维要求企业发展更多的"20% 客户",将其发展成为能带给企业更多利润的大客户；同时发掘更大的客户群体，将他们发展为"80% 客户"。

市场上有许多企业经营超过了 10 年，如果它们的存量一直没有变化，那么本质上它们只是把刚进入行业的经营水平重复做了 10 次，根本不可能把企业做大。转变企业的经营思维，以存量带增量，能培养企业的活力和竞争力，促进企业盈利水平的提高，从而帮助企业走出困境。

复盘经营计划一

你的企业还在原地踏步吗？

1. 企业困境和管理难题

请您回顾一下，您所在的企业目前遭遇了哪些经营困境？与之相关的管理难题又有哪些？请您对此进行复盘，并将复盘结果填入表 1-2 中。

表 1-2　企业困境和管理难题复盘工具

项目		说明
经营困境		
管理难题	1	
	2	
	3	

2. 经营思维

请您根据本章关于存量带增量的相关知识，结合您所在企业的实际情况，复盘企业的经营思维，将复盘的内容填入表 1-3 中。

表 1-3　经营思维复盘工具

项目	目前的经营思维	说明其优缺点及可以改进之处
人才		
资金		
经验		
客户		

Chapter Two

第 **2** 章
让复盘成为经营习惯

2.1 目标复盘:"总—分—总"流程和"四步复盘法"

许多中小企业经营者对于制定一个怎样的经营目标没有清醒的认知,他们在制定了一个模糊的经营目标之后,往往无从下手,最终导致业绩无法达成。为了解决这个困扰大家已久的问题,本节我们总结出"总—分—总"流程和"四步复盘法"的复盘经营目标工具,帮助中小企业经营者制定合理的经营目标。

经营目标的复盘和思考

一个规划良好的经营目标能够为企业指引清晰的发展方向,引领企业实现业绩。相反,模糊的经营目标会让企业的经营陷入混乱。因此,对经营目标进行复盘就显得十分重要。如何复盘经营目标?首先我们需要找出经营目标未完成的原因,再总结出经验,为制定新一年的经营目标提供参考。

大多数中小企业经营目标未完成的症结,并不在于没有解

决经营中遇到的问题，而是未发现问题。为此，我们可以选取
企业经营目标中的业绩目标，对业绩未达标的原因进行分析。

（1）为什么企业业绩未达标？

从一些中小企业在 2021 年的经营分析结果来看，我们发现
导致企业业绩未达标的原因是多方面的，如图 2-1 所示。

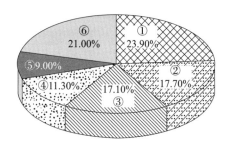

① 关键岗位核心人才缺乏　　② 团队执行力不强
③ 未准确预测外部宏观环境　　④ 未进行过程检讨和管控
⑤ 未制定绩效考核机制　　　　⑥ 其他

图 2-1　影响企业业绩未达标的原因分布

从图 2-1 我们可以看出，人才的缺乏是影响企业业绩最重
要的因素，尤其是关键岗位核心人才缺乏，导致了企业在核心
业绩指标上不能有效增长；其次，企业在制定年度经营目标时，
由于未准确预测外部宏观环境，使企业经营在大方向上出现偏
差，是企业业绩未达标的重要因素；此外，团队执行力不强、
经营中未进行过程检讨和管控、未制定业绩考核机制、重大目
标未及时推进等原因，也影响着企业业绩目标的达成。

在复盘企业的年度经营计划时，针对不同的具体原因，企
业管理者需要找到相应的问题，对即将做出的经营计划进行有

针对性的调整，如表2-1所示。

表2-1 对企业业绩未达标原因的问题分析

内外部 因素分类	企业业绩未达标的具体原因	对应的问题
外部	未准确预测外部宏观环境	如何根据形势制定年度经营目标
内部	关键岗位核心人才缺乏	应该如何招聘
	团队执行力不强	如何建设企业团队
	未进行过程检讨和管控	如何加强过程的监管
	未制定绩效考核机制	如何制定员工绩效考核机制

在接下来的几章内容里面，我们会根据不同的问题，给出具体的策略及措施，帮助企业制订恰当、有效的年度经营计划。

通过对企业业绩未达标的原因分析，我们可以在制订新年度的经营计划时，注意相关的方面，及时调整企业经营方向。

（2）新年度企业需要从5个方面采取核心举措。

在激烈的市场环境中，中小企业若想要完成新年度经营目标，就需要考虑从上一年未达标的指标入手，对经营目标进行调整和改善。对于大部分中小企业而言，从以下5个方面采取核心举措，有利于企业经营目标的达成。

①营收增长。营收关系到中小企业的生存和发展，其是否能够稳定增长是所有中小企业考虑的首要问题。

②关键人才的培养。关键人才涉及中小企业的核心竞争力，优秀的人才能够持续助力企业业绩的增长。

③管理体系的建设。企业管理体系建设是围绕企业战略目

标展开的，企业战略规划是关键。

④企业的利润水平。企业的利润水平包括成本利润率、产值利润率、资金利润率、销售利润率、工资利润率等各种利润指标，能够反映一定时期的生产经营盈利状况。

⑤市场份额。它反映企业在市场上的地位。通常市场份额越高，企业的竞争力越强。

中小企业通过以上几个核心举措，能够找到自身的不足；再制定年度经营目标，可以更好地为企业指明经营的方向，减少实际中的失误，为企业绩效管理提供有效依据，进而助推企业业绩的增长。那么，在制定经营目标时，经营者应该如何做呢？

企业经营目标的"总—分—总"流程

企业总目标是企业经营的大方向，而部门目标关系到企业每项经营计划是否有清晰的脉络，个人目标则直接影响经营计划的执行。在总体部署上，由企业经营者将总体目标传达到各个部门，再由部门传达到个人；在具体目标制定时，个人根据部门要求制定个人目标，部门管理者再将个人目标汇总到企业经营者手中，最后经营者将其统筹成企业总体目标，如图 2-2 所示。

将企业经营目标进行"总—分—总"的拆解和合并，能够有机整合企业的经营目标，使经营目标更加贴合实际。此外，我们还可以利用"四步复盘法"分析企业的经营目标。下面我们就以博商为例，用"四步复盘法"分析博商的经营目标。

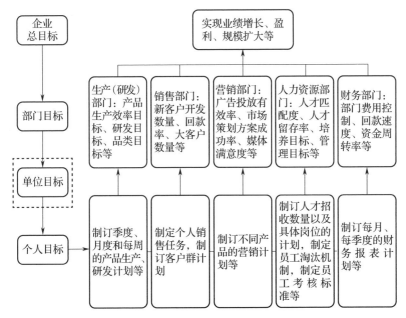

图 2-2　制定企业年度经营目标的一般流程

用"四步复盘法"分析博商的经营目标

"四步复盘法",也叫 GRAI 复盘法,即 Goal(回顾目标)、Result(评估结果)、Analysis(分析原因)、Insight(总结规律)。"四步复盘法"能够根据企业实际经营的优缺点,快速有效地分析经营成功或失败的原因,得出经验和教训,为企业目标的制定提供依据,如图 2-3 所示。

表 2-2 是博商 2020 年度部分经营目标情况及分析,我们根据"四步复盘法"对此进行阐述。

通过"四步复盘法",我们可以清楚明了地看出博商如何分析其年度经营计划:首先,回顾经营指标;然后,比对实际值

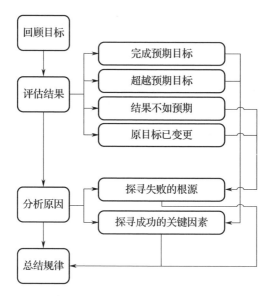

图 2-3 "四步复盘法"的一般流程

表 2-2 博商 2020 年度部分经营目标情况及分析

经营指标（G）	目标	实际值	评估结果（R）	成功的关键因素或未达标的原因（A）	得到的经验或规律（I）
总体业绩	2.6亿元	2.7亿元	超额完成	线上收入弥补线下收入的缺口	下一年可以将线上收入渠道作为业绩增长的重要方式
提高B端收入占比	15%	10%	不如预期	①B端产品的迭代与创新速度慢；②B端缺乏销售场景；③员工的复合能力、培养成长速度慢；④缺乏对业务负责人的考核	提升B端产品的研发和销售创新，培养员工的复合能力，加强对业务负责人的监管和考核

（续）

经营指标（G）	目标	实际值	评估结果（R）	成功的关键因素或未达标的原因（A）	得到的经验或规律（I）
新增千万营收产品	3个	2个	未达标	①新产品销售场景缺乏，团队专注投入不足；②从市场洞察到产品研发、销售、交付、反馈和迭代的闭环运营低效	在新年度的经营中，要创造新的销售场景，提高团队专注度；同时提高闭环运营效率
全区域盈利	3个	2个	不如预期	其中一个区域固定成本高且刚性，调整难度大	通过扩大规模的方式降低单位成本，从而实现盈利
线上导流占收入30%	8 100万元	7 900万元	略微不如预期	①付费推广投入下降；②抖音经验的知识沉淀和分享机制没有形成；③缺乏拥有出色网感的"老师模式"	在制订年度导流产品的经营计划时，可以增加付费推广费用，引进成熟的抖音推广机制和网感强的"老师模式"

与目标值，做出评估；再次，分析目标达成或未达成的原因；最后，总结经验。企业经营者可以"依葫芦画瓢"，用"四步复盘法"分析企业的年度经营计划。

2.2 重大计划复盘：聚焦重要计划

联想集团内部很重视公司的重大计划复盘，每当公司做出一个重大决定之后，会关注计划取得的成果，不管项目是否成功，都会进行阶段性的复盘；万达集团也强调重大计划的复盘，万达广场开业后的三个月之内，必须进行经营复盘，发现并修补经营短板，让经验在万达内部流传。对重大计划的复盘，给这些企业带来了巨大的商业利益。那么中小企业经营者该如何做重大计划复盘呢？本节将通过聚焦和拆分重大计划两方面入手，帮助中小企业复盘重大计划。

聚焦的目标越少，执行效果越好

一家企业创立初期，都会经历一段快速成长期。在这段时期内，企业对业务的敏感度高，会着力开发每一个新客户。每抓到一次机遇，就相当于给公司带来一次业绩增长。随着企业规模的扩大，在公司内部管理损耗的资源会相对增加，业绩增长反而会相对变缓。

为什么企业的业绩增速会变缓呢？事实上，是因为企业经营者缺少复盘。企业做大了，经营者就会什么事情都想去尝试一下，这是新手创业者的通病。中小企业的业务不能太过分散，"广撒网"并不能"捞到大鱼"。企业应该做好 3 ~ 5 个项目，在每个项目的过程中及时复盘，检查这个项目是正常的还是滞后的；如果项目滞后了，原因又是什么？这样不断地在经营中发现问题、解决问题，及时调整重大计划的方向和策略，才能不断地避免经营过程中遇到的问题，实现业绩的增长。表 2-3 是博商重大计划复盘示例。

表 2-3 博商重大计划复盘示例

序号	重大计划名称	完成情况			原因分析
		正常	滞后	严重滞后	
1	线上转型	√			线上引流取得预期成长，团队建设、机制和流程得到完善；线上学习的内容质量、完整性、交付标准存在较大的空间
2	发展渠道			√	渠道管理能力建设投入不够；渠道与直营的机制协同存在欠缺；基于渠道发展的产品结构有待完善
3	数字化运营	√			—
4	自有师资		√		公司投入资源不够；自有师资的成长路径缺乏规划

将重大计划分解为小计划

在做企业重大计划的过程中，应该尽量将宏观的计划拆解成更小的二级计划，再将二级计划拆解成具体可执行的小计划。计划的层层分解，可将重大计划落实到实际工作当中，如图 2-4 所示。这样，复盘计划时也更容易找出问题，也会减少重大计划无法完成的情况。

如果遭遇重大计划无法拆解的问题，最好的办法就是将计划"程序化"，并进行量化。此外，要明确重大计划的各个时间区间是否达标，对于不达标的计划，复盘原因，提出调整方案。

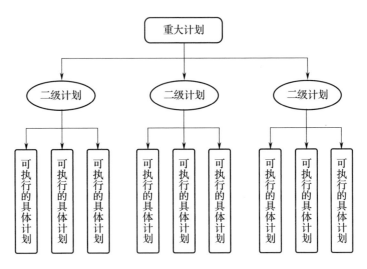

图 2-4　拆解重大计划的方式

其实复盘很简单，就像过马路：绿灯走，红灯停，黄灯慢行。每个重大计划工作项目都有进度表，如果推进顺利，那就代表计划运行正常；如果计划推进缓慢，经营者就要及时复盘项目，查找原因并解决问题；如果进度停滞不前，则代表计划目前的问题严重，需要负责人和经营者重新协商沟通重大计划的可行性。

在中国的古代智慧中，非常讲究"道、法、术"。讲究"以道驭术"，也提倡"道、法、术"三者兼备。就是说，以基本原理来指导具体的实践，各种方法与措施要符合"道"的精神。复盘的操作手法内含了学习的机理，而且与工作和行动结合起来，是一种行之有效的从经验中学习的方法。

2.3 决策复盘：如何做出准确决策

企业在运营过程中，每一年都会做出许多决策。但是，并非每个决策都能够完成。大部分企业对于决策的回顾和总结不以为意。然而，复盘企业的决策，是经营中的一个至关重要的环节。本节通过一些具体实用的决策复盘工具，帮助中小企业做出更适合自己的决策。

复盘决策的流程与工具

在复盘决策时，我们首先要思考决策要素有哪些，比如：整体的宏观环境如何？有什么特殊因素影响企业经营吗？企业定了哪些经营目标？企业为这样的经营目标制定了怎样的措施？等等。最好的方法就是将这些要素一一列举出来，再判断这些决策要素是否与实际情况吻合；如不吻合，则需要找出原因。最后，我们根据这些复盘结果，做出新一年度（或季度）的经营决策。例如，2020 年新冠肺炎疫情暴发的时候，口罩紧缺，有的企业认为"口罩市场缺口大"，采取了进军口罩制造业的经营策略。这说明，紧随市场趋势的决策能够帮助企业走向正确的经营方向。图 2-5 是复盘决策的一般流程。表 2-4 是企业复盘决策的工具。

图 2-5 复盘决策的一般流程

表2-4 企业复盘决策的工具

序号	思考企业经营的决策要素	判断是否吻合
1	年初对宏观环境的理解	☐ 准确　☐ 大致吻合　☐ 错误 ☐ 无判断
2	年初对行业发展的判断	☐ 准确　☐ 大致吻合　☐ 错误 ☐ 无判断
3	年初对客户情况的判断	☐ 准确　☐ 大致吻合　☐ 错误 ☐ 无判断
4	年初对竞争情况的判断	☐ 准确　☐ 大致吻合　☐ 错误 ☐ 无判断
5	年初制定策略的合理性	☐ 准确　☐ 大致吻合　☐ 错误 ☐ 无判断
6	年初制定目标的合理性	☐ 准确　☐ 大致吻合　☐ 错误 ☐ 无判断
7	年初制定措施的合理性	☐ 准确　☐ 大致吻合　☐ 错误 ☐ 无判断
8	年初制定措施的有效性	☐ 高效　☐ 一般　☐ 低效 ☐ 基本没动
9	对于新冠肺炎疫情发展的判断	☐ 准确　☐ 大致吻合　☐ 错误 ☐ 无判断
10	对于新冠肺炎疫情对行业和企业影响的判断	☐ 准确　☐ 大致吻合　☐ 错误 ☐ 无判断

　　邑井操在《决断力》一书中对思考的重要性有如下阐述："一个成功者之所以与一般人不同，在于他能在胜负未分之前对自己有信心，然后以思考去谋取胜利的条件。"这说明你的思考水平决定了你是否能准确预测未来和事物发展规律。所以，请务必在复盘决策时，进行理性且深入的思考。

决策复盘：以博商为例

　　我们在复盘决策时，用底层逻辑思考得出企业经营的决策要素有哪些，再根据企业近半年的经营情况，判断决策是否准确。经历了这样的一个复盘过程，决策才有可能与实际经营越来越吻合，决策质量才会越来越高。

博商在运营过程中，固定成本是比较高的，每个月博商营收 1 500 万元，固定成本就有 750 万元，占了其中的一半。如果某个月的营收流水在 1 500 万元以下，那么这个月就会亏本。

在新冠肺炎疫情发生的时候，我问自己一件事情：对博商来说，最坏的结果是什么？那时，博商每个月仅固定成本就要消耗 700 多万元，我在做决策前的第一件事是和相关专家沟通，倾听他们对新冠肺炎疫情的判断。由于不同专家的观点具有差异性，我会整理出他们的底层逻辑，做出新冠肺炎疫情对博商经营影响的预测。表 2-5 是博商决策复盘的分析。

表 2-5　博商决策复盘的分析

序号	思考企业经营的决策要素	判断是否吻合		不完全吻合的原因
1	年初对宏观环境的理解	☑ 准确　□ 大致吻合	□ 错误　□ 无判断	—
2	年初对行业发展的判断	☑ 准确　□ 大致吻合	□ 错误　□ 无判断	—
3	年初对客户情况的判断	☑ 准确　□ 大致吻合	□ 错误　□ 无判断	—
4	年初对竞争情况的判断	☑ 准确　□ 大致吻合	□ 错误　□ 无判断	—
5	年初制定策略的合理性	☑ 准确　□ 大致吻合	□ 错误　□ 无判断	—

（续）

序号	思考企业经营的决策要素	判断是否吻合		不完全吻合的原因
6	年初制定目标的合理性	☐准确　☑大致吻合 ☐错误　☐无判断	对线上导流和销售场景的有效性过于乐观
7	年初制定措施的合理性	☐准确　☑大致吻合 ☐错误　☐无判断	对渠道收入估计乐观，对于推进渠道方面投入不足
8	年初制定措施的有效性	☐高效　☑一般 ☐低效　☐基本没动	数字措施和线上导流低于预期
9	对于新冠肺炎疫情发展的判断	☐准确　☑大致吻合 ☐错误　☐无判断	对海外新冠肺炎疫情延续性估计不足
10	对于新冠肺炎疫情对行业和企业影响的判断	☐准确　☑大致吻合 ☐错误　☐无判断	对线上教育发展过于乐观

　　我有一个习惯，就是在做预测的时候，我会分类分析专家们的乐观、中性和悲观的观点，并且挖掘每位专家的职业背景。基于他们不同的职业背景，思考他们为什么会做出乐观、中性或悲观的判断。这样的习惯让我在做决策时，能够保持理智的判断力，避免决策出现偏颇。我认为在做决策复盘时，大家可以养成这样一个习惯。

　　对当前情况有了大致的预测之后，我对博商经营在经营上要考虑的问题，总结为以下3点。

　　（1）如何完成课程交付。

　　（2）如何保证博商的收入来源。

　　（3）如何压缩博商的固定成本，保证盈亏平衡。

提出以上问题之后，我们需要做出有针对性的决策。博商在经过多方讨论后，做出以下 3 个决策及措施。

首先，课程交付是博商在经营中要面临的首要问题。在新冠肺炎疫情期间，很多线下课程及相关的调研活动没有办法展开，这直接影响到课程的交付。一旦课程无法完成交付，那么学员就无法进行学习，他们所交的学费都要退还。这将直接导致博商运营收入减少，是当下面临的最大危机。根据各方对新冠肺炎疫情的预判，我们认为，至少 4 个月无法进行线下课。所以，最关键的问题是，博商在这 4 个月的时间里如何经营呢？

针对这个问题，我们迅速做出决策：对于那些已经报名还未开始上课的学员，博商积极帮助他们应对新冠肺炎疫情。博商将各部门的老师和工作人员分为若干组，每组分别制订相应的服务计划，并分别对接不同类型的学员，帮助他们应对新冠肺炎疫情，如帮助他们清空企业商品库存、购买口罩等物资。这种以实际行动帮助企业渡过难关的做法，不仅让学员的退课率大大降低，而且为博商赢得了良好口碑，增加了客户黏度，提升了企业美誉度。

其次，博商需要解决新冠肺炎疫情期间的收入问题。对于这个问题，博商通过与学员协商，降低课程费用，将一些原本线下教授的课程进行"线上化"，组织工作小组对课程进行录制、整理和线下跟踪的工作，保证学员在学习这些课程时可以收获知识，并得到及时反馈。通过线上课程的开展，虽然失去了一部分收入，但是已经足够维持公司基本的运营成本。

最后，我们要解决固定成本的问题。大部分企业在压缩固定成本时，常用的做法就是裁员和降薪。但是，在进行深入思考之后，博商并未采用这两种做法，具体基于以下两个原因。

其一，在新冠肺炎疫情期间，裁员是一种不可控的压缩成本的做法。对于教培服务业而言，培养稳定的员工队伍是企业不断发展壮大的依靠。员工是博商非常重要的企业资产，也是博商保持稳定运行的要素。裁员虽然可以暂时让固定成本降低，但从长远看，实际上不利于博商的稳定发展。所以博商并未因为新冠肺炎疫情而放弃任何一位员工。

其二，降薪不利于保持员工工作的积极性。为此，博商制定出一套以管理层为实施主体的更为恰当的薪资方案：总薪资 = 70% 的固定薪资 +30% 的浮动薪资。其中，70% 的固定薪资与考勤挂钩，为硬性薪资；30% 的薪资与新冠肺炎疫情期间的业绩挂钩。这样既保证了员工工作的积极性，也在一定程度上减少了固定工资成本。

通过以上 3 条经营决策的制定和实施，博商在新冠肺炎疫情期间增加了收入，压缩了成本，稳固并扩大了客户群体。随着新冠肺炎疫情比预想中更快好转，线下课的正常开展也提前了两个月。除此之外，博商还广泛吸纳新冠肺炎疫情期间在其他公司"被裁员"的优秀员工，培养他们参与企业运营，使博商不仅在年底完成了额定业绩目标，还在某些方面超额完成，实现了企业与员工的"双赢"。

事实证明，博商通过决策复盘，制定相应的经营策略及措施，在新冠肺炎疫情期间渡过难关，并使企业的经营"更上一层楼"。

在做决策时，我首先考虑的是博商经营的风险。我会先查找资料，把最好的、最坏的、中性的经营结果列举出来，之后再看对博商来说，最坏的经营结果可能导致哪些情况的发生，再列举出具体的防范措施。同样地，将最好的和中性的经营结果可能导致的情况及措施列举出来。在经营过程的重要节点和年末复盘时，思考决策的可行性，也是复盘决策的一种思路。

2.4　人才复盘：考量企业人才

企业手中一般握有四种资源：人才资源、自然资源、资本资源、信息资源。而人才资源是企业发展最重要的资源。

21 世纪竞争的焦点无疑转向科技与知识的竞争。而科技与知识的竞争归结到底就是人才的竞争。一家企业有了人才，才能在市场竞争中取得优势。那么，我们如何对人才进行复盘呢？本节主要介绍复盘企业人才的 5 个方面，并对人才进行盘点，将其分为 9 类。另外，利用人才充足率工具对企业人才进行分析研究。

人才的 5 个方面

企业在复盘人才时，可以从 5 个方面展开分析，如表 2-6 所示。

表2-6　人才复盘分析

5个方面	问题分析
企业人才总体情况	①未来1~3年里，企业需要什么人才？ ②企业现在有这样的人才吗？ ③企业的人才储备是否充足？
人才管理	①过去一年，企业在人才管理上投入多少时间？ ②人才管理的效果怎样？
企业人均效益	①过去一年，企业的人均效益怎样？ ②和同行相比怎样？
核心人才状况	①企业核心人才有哪些？ ②核心人才有流失的风险吗？
人才展望分析	①过去一年，是否有你器重的人让你感到失望？ ②作为企业经营者，你可以改变的是什么？ ③如果你打算重新创业,还要和现在的创业元老并肩作战吗？

中小企业往往不会有很多部门，各部门的人通常是负责多项工作的。所以，中小企业的经营者在进行人才复盘时，应当考虑人才的多重身份，再对人才进行客观、全方位的评价。

从企业人才总体情况、人才管理、企业人均效益、核心人才状况、人才展望分析5个方面对人才进行全方位的复盘之后，经营者对企业的人才状况会有一个总体的认知。此时，经营者应当将不同的人才进行盘点，以区分优秀和资质平庸的员工。

人才盘点九宫格

人才盘点也称全面人才评价，是通过对组织人才的盘点，使人与组织相匹配，其内容包括明确组织的架构与岗位发展的变化，确定员工的能力水平，挖掘员工的潜能，进而将合适的人放在合适的岗位上。对于企业组织而言，人才盘点的价值主要体现在为实现经营目标，发现内部人才、建立人才体系、提供人事决策依据；对于企业中的个人而言，人才盘点的价值则体现在明确发展方向、落地发展计划、激励自身成长。既然人才盘点有这么多优点，那么经营者应该如何盘点人才呢？

经营者可以从员工的 KPI 和潜力两方面着手，进行人才盘点，以甄别人才。

（1）员工 KPI。

什么是 KPI？KPI（Key Performance Indicator），即企业关键业绩指标，是企业绩效考核的方法之一。最常见的 KPI 有三种：

①效益类指标，如资产盈利效率、盈利水平等。
②营运类指标，如部门管理费用控制、市场份额等。
③组织类指标，如满意度水平、服务效率等。

KPI 是衡量流程绩效的一种目标式量化管理指标，能够把企业的战略目标分解为可操作的工作目标。建立明确的切实可行的 KPI 体系，是做好绩效管理的关键。

（2）员工的潜力。

员工的潜力也是评判其是否是人才的一个客观标准。对员工潜力的评价，可以从其知识（如学历等）、技能（如面试结果、培训效果评估）、经验（过往的工作经历）、其他品质或能力（如沟通能力、应对重大事项的能力、诚信、自信、灵活度、客户满意度等）等方面展开。经营者要在日常的工作中观察员工的举动，判断其潜力如何，以便对其进行分类。

在确定了企业员工的 KPI 和潜力标准之后，就可以对员工进行盘点划分了。人才盘点九宫格是一种 KPI 分析工具。在该分布图中，以人才的潜力（包括专业能力、综合能力）为横轴，以员工的 KPI 完成情况（员工过去的综合绩效表现）为纵轴，将员工分为九大类型，分别是：超级明星、绩效之星、潜力明星、中坚力量、熟练员工、基本胜任员工、待发展者、差距员工、问题员工，如图 2-6 所示。我们可以将这九类员工分为四种情况进行讨论。

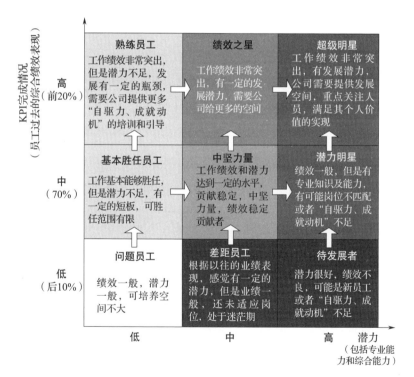

图 2-6　人才盘点九宫格

第一种：超级明星、绩效之星、潜力明星这三类是企业人才的"第一梯队"，企业应当给予足够的重视；潜力明星可以通过培养其 KPI 完成情况晋升为超级明星，可以通过培养绩效之星的专业能力和其他能力使其成为超级明星。

第二种：中坚力量、熟练员工也是经营者需要重点支持的对象，疏通他们上升的通道，帮助其成长为"第一梯队"人才；对于基本胜任员工，经营者要给予鼓励，帮助其在 KPI 完成和专业能力方面有所成长。

第三种：对于待发展者和差距员工，经营者需要给予耐心的引导和支持，帮助他们找到适合的工作方法和提高效率的途径，让他们适应公司的发展需要。

第四种：对于问题员工，企业经营者则应该细心观察并分析。如果他们的 KPI 完成情况和潜力的确有值得突破的地方，可以引导并加以支持；如果他们的确不适合或态度有问题，应及时止损。

那么，针对不同员工，经营者应该如何制定相应的人才培养或发展策略呢？我们可以将以上九种人才盘点的策略分析总结成一张表格，如表 2-7 所示。

经营者利用人才盘点九宫格，对企业员工进行分类之后，应当做一个分布比例的统计，这样才能清楚各类员工在公司中占比的情况，这些数据对公司经营战略的制定有作用。例如，某教培企业将员工进行 KPI 和潜力的分类之后，将其占比统计了出来，为后续经营计划的制定做准备，如表 2-8 所示。

表2-7　九种人才盘点的策略分析

序号	人才分类	特点	人才培养或发展策略
1	超级明星	不论是现有职务的绩效表现，还是未来潜能的发展，都展现出优异的成果或学习潜能	①应为此类人才尽快安排合适的新职务或赋予新职责，使他们迅速获得晋升；②要给他们赋予更重要的责任，因为他们有潜力。否则，这些优秀人才很容易在原有的工作过程中失去耐心，而对现有职务产生倦怠感或者是被其他同行挖走。注重给予其平台和机会，发挥其潜质
2	潜力明星	符合现有职务的绩效标准，并展露出极高的潜能，未来可以晋升	①指派给他们更具挑战性的任务，或通过安排他从事多样性的工作，以鼓励这些人才展现出更好的绩效成果；②他们与第1类员工是企业的重要人才资产，应该多投资源在这些人身上，发现他们最需要提高的技能。例如，有些人才在某一工作范围内已经深耕许久，那他需要的发展重点可能就是开阔眼界，使他有机会到更多的岗位上去体验不同的工作内容；而对另一个已在多个岗位上历练过的人才来说，他的发展重点可能就是提升
3	绩效之星	在现有职务上表现优异，也展现出能够承担相同层级内更大职责的潜力	①加强培育他们具备向上一层级发展所需的核心能力，以激发其展现更多潜能；②如在职位上没有晋升的空间，扩大其职责范围，让其担任更多的责任也是一个发展方向
4	中坚力量	①达到现有职务的绩效标准；②拥有一定的潜力，有潜力在目前岗位上取得更好的绩效	此类人才发展的重点将根据其潜能发展趋势来决定是否赋予其更有挑战性的任务（往潜力明星方向发展），或强化现有的绩效表现（往绩效之星方向发展）
5	熟练员工	①绩效方面超出预期；②潜力已发挥殆尽或过往工作中未展现出一定潜力	①在现有职务上表现优异，并能在类似的工作范畴中内扮演不同角色。此类人才的发展方向是绩效之星；②人才培训重点应在于持续提升其核心能力，以迎接未来的挑战

（续）

序号	人才分类	特点	人才培养或发展策略
6	基本胜任员工	能够完成工作任务，但潜能不足，不能够支持其在更高一层或当前工作中更深入的发展	①此类人才的发展方向是中坚力量；②要给此类人才一定的业绩压力，给予足够的培训与发展机会，促进其业绩达标
7	待发展者	①目前绩效一般或低于标准；②有成长的巨大潜力	①发展重点应是尽快教导、培训、强化，使其绩效提升达到此职务的要求标准；②给予一定的训练或通过经验积累即会产生作用；③如果是一年以上的老员工，则要考虑该员工是否被放错了位置，现有岗位是否限制其能力的发展
8	差距员工	①绩效一般或低于标准；②有一定的成长潜力	①此类人才的发展方向是中坚力量；②如果是老员工，应分析其原因，培训和观察并行，给予工作机会，促使其将能力转化为绩效
9	问题员工	①目前绩效差；②潜力低	①此类人才属于不合格员工，诊断问题点是技能不足还是态度的问题；②未达到现有职务的绩效标准，若不是态度或能力上的问题，应协助其改善，提升绩效；③协助其转调其他合适的职务或者解除劳动合同

表 2-8 某教培企业九类员工占比情况

员工分类	人数（人）	各类人才占盘点人数比例				
		超级明星	绩效之星	熟练员工	中坚力量	潜力明星
招生老师	218	9.60%	11.50%	3.70%	26.20%	13.30%
教务部门	53	5.70%	17.00%	3.80%	22.60%	13.30%
职能部门	42	14.30%	9.50%	4.80%	26.20%	9.50%
线上导流部门	40	10%	15%	2.50%	27.50%	10%

（续）

员工分类	人数（人）	各类人才占盘点人数比例				
		基本胜任员工	待发展者	差距员工	问题员工	—
招生老师	218	12.40%	5.50%	11.90%	5.90%	—
教务部门	53	16.90%	11.30%	9.40%	—	—
职能部门	42	19.10%	7.10%	9.50%	—	—
线上导流部门	40	17.50%	7.50%	10%	—	—

人才盘点和分析要遵循流程性、计划性和系统性的原则；同时指标必须是可以测量的，如员工每月的业绩在 2 万元以下为低绩效，业绩在 2 万～4 万元为中等绩效，业绩在 4 万元以上为高绩效等。定量的结果能够有据可循，不至于因失了标准而导致评判员工时出现问题。

人才充足保证企业长足发展

HP 公司创始人大卫·帕卡德曾讲道："如果公司的收入增长速度持续快于人才的补给速度，这个公司将不能成为一个卓越的公司。"这充分说明了人才对企业发展的重要作用。而人才充足率作为衡量企业有多少人才的指标，可以用做企业人才分析工具。那么经营者应该如何利用人才充足率来复盘企业人才呢？我认为可以从企业的横向和纵向发展分析人才充足率。

（1）横向：将企业人才分类为超级明星、主管级人员、核心岗位员工等。

（2）纵向：将企业的人才现状和可见未来的人才预期进行对比。

我们来举一个例子。博商从横向和纵向两个方面统计了人才充足率情况，如表 2-9 所示。博商的超级明星，即为 KPI 完成度和潜力都较高的人才。博商的主管级人员包括管理干将和后备梯队等。能引领博商长期健康发展，并且能和其他商学院产生差异化发展的战略核心岗位有：①深度服务学员的岗位；②各类岗位后备梯队；③优秀的研发和创新人才；④优秀的互联网营销人才（线上导流、线上营销、线上课程等）；⑤数字化人才。接下来从横向和纵向两个方面分析博商的人才充足率，并由结果做出人才战略。

表 2-9　博商人才充足率在纵向和横向上的分析

纵向	横向	充足	较为充足	无法满足	极度匮乏
现状	超级明星：综合实力干将		√		
	主管级人员：管理干将、后备梯队			√	
	核心岗位员工：优秀线上营销人员		√		
	核心岗位员工：优秀课程开发人员		√		
	核心岗位员工：深度服务类人员			√	
2023 年（支持 18 亿元业绩）	超级明星：综合实力干将			√	
	主管级人员：管理干将、后备梯队			√	
	核心岗位员工：优秀线上营销人员			√	
	核心岗位员工：优秀课程开发人员			√	
	核心岗位员工：深度服务类人员				√
	数字化人才				√

从横向上来看，博商的超级明星、优秀线上营销人员、优秀课程开发人员较为充足，而主管级人员、深度服务类人员无法满足当下需求。因此在制定公司经营战略时，要充分考虑管理人才、

深度服务类人才的需要，以促进当下博商业绩的完成和突破。

从纵向上来看，博商将当下的人才充足率和可预计的 2023 年人才情况进行了对比。2023 年，为支持博商实现 18 亿元的业绩突破，目前的超级明星、主管级人员、核心岗位员工均显露不足。其中，深度服务类人员极度匮乏。并且在 2023 年，博商还多出了数字化人才这类核心岗位员工的需求。这意味着博商在制定公司未来发展战略时，会更加注重数字化运营。

高人才充足率（特别是高潜力人才充足率）能让企业在巨变、多变的外部环境中持续学习，使企业在与友商的竞争中以更低的成本、更快的速度构建核心竞争力。因此，经营者在复盘经营计划时，要注重对企业人才充足率的分析。

2.5 自我复盘：审视自身的优势和不足

通过前面几节对企业经营目标、重大计划、决策和人才的复盘，经营者对企业经营计划有了一个整体上的认知。此时，经营者需要通过以上几个方面审视自身在企业经营管理上有哪些做得好的和不好的地方。

本节将结合上几节所学，利用"四步复盘法"，结合经营者的自我复盘工具，审视企业经营计划的执行结果，总结经验，立足优势，弥补短板，从而实现中小企业的加速发展。

"四步复盘法"和自我复盘工具表

"四步复盘法"作为一种复盘方法，可以运用于许多方面。

我们在第 2 章第 1 节中利用"四步复盘法"对目标进行了复盘。请回顾一下，"四步复盘法"的步骤是什么呢？

"四步复盘法"的步骤依次为：回顾目标、评估结果、分析原因、总结规律。企业经营者在复盘自身时，利用"四步复盘法"，应该遵循的步骤为：回顾经营目标、评估经营结果、分析经营成功或失败的原因、总结经营规律。

利用"四步复盘法"，结合经营者自我复盘工具。如表 2-10 所示，经营者对企业的经营状况进行分析，找出企业在经营中有哪些可以总结的成功经验或失败的教训。

表 2-10 经营者自我复盘工具

序号	结果分类	具体表现	原因及规律
1	说到做到	去年，企业经营者说到做到的事情有哪些	可以总结的成功经验有哪些
2	说到，未做到	去年，企业经营者说要做，但没做到的事情有哪些	可以总结的教训有哪些
3	说到，未做	去年，企业经营者说要做，但实际没做的事情有哪些	可以总结的原因有哪些
4	重新做一遍	如果这些规划的事情能够再做一遍，企业经营者还可以在哪些地方做得更好	为什么

与其他要素相结合

在经营者进行自我复盘时，应当与企业的经营目标、重大计划、决策和人才等方面相结合，在回顾自身问题的同时，思考企业的其他方面是否达到要求。例如，某企业经营者"说到，未做到"的经营事项为：B端产品的收入未达标、渠道建设不足、新产品的培育力度不够。此时，企业经营者应该考虑是企业的经营目标太过宏大，还是重大计划执行的力度不够，或者在决策时没有考虑资金、人才等因素，才导致这些结果没有实现。具体结合形式可以参考以下四个方面。

（1）自我复盘与目标复盘相结合。经营目标是否清晰？目标达成了几个？未完成的目标在自身方面有何原因？

（2）自我复盘与重大计划复盘相结合。每年的3~5个重大计划是什么？哪些重大计划亮"红灯"？哪些亮"黄灯"？哪些亮"绿灯"？亮"红灯"的原因是什么？

（3）自我复盘与决策复盘相结合。每年做了哪些重要决策？决策实施的结果如何？应该如何思考这些决策点？

（4）自我复盘与人才复盘相结合。企业有哪些类型的人才？有哪些优秀人才和潜力型人才？要如何发挥人才的价值？

我们可以以博商为例。博商分别从"说到做到""说到，未做到""说到，未做""重新做一遍"4个方面，结合企业的经营目标、重大计划、决策和人才等因素，对自身做一个年度复盘，如表2-11所示。

表2-11　博商的自我复盘

序号	问题	具体表现及经验总结
1	说到做到	①对于新冠肺炎疫情的发展判断、对策的制定和实施，积累许多经验；②线上引流模式的梳理、团队建设与机制设计迎合了短视频流量的爆发；③在绩效沟通和核心团队能力发展上投入了更多的精力，也产生了一定的效果

（续）

序号	问题	具体表现及经验总结
2	说到，未做到	对于重大事项（如 2B 产品的收入、渠道建设、新产品的培育等方面）的持续投入度和关注度不够，导致部分重大事件和目标低于预期
3	说到，未做	—
4	重新做一遍	①在核心人才的培养和储备方面投入很多资源和关注；②在区域的市场洞察和产品结构方面，给予更多的重视和投入；③对抖音等短视频运营团队进行更好的整合；④对于亏损产品和区域，调整决策要更快、更有力

将整个复盘当作一个大循环，在自我复盘时结合企业经营目标、重大计划、决策和人才，并且选择不同的时间节点定期做小的复盘，最后做年度复盘。通过"大复盘"和"小复盘"相结合，可以完善企业新一年的经营计划，促进中小企业的长足发展。

复盘经营计划二

"复盘循环"和"复盘矩阵"

1. "复盘循环"

"复盘循环"是我们进行经营复盘最有效的工具，如图 2-7 所示。根据提示，请您完成以下复盘内容。

图 2-7 "复盘循环"

（1）请您利用"四步复盘法"，复盘过去一年的企业经营目标，并将您的复盘内容填入表 2-12 中。

表 2-12　企业经营目标复盘工具

序号	经营指标	目标	实际值	成功的关键因素或未达标的原因	可总结的经验或规律
1					
2					
3					
4					
5					

（2）请您回顾过去一年企业重大计划是否达成及原因，并将复盘内容填入表 2-13 中。

表 2-13　企业重大计划复盘工具

序号	重大计划名称	完成情况			原因分析
		正常	滞后	严重滞后	
1					
2					
3					
4					
5					

（3）请您对过去一年的企业决策进行思考和分析，判断其是否与行业环境吻合，并在表 2-14 对应的选项中打"√"。

表 2-14　企业复盘决策工具

序号	思考企业经营的决策要素	判断是否吻合
1	年初对宏观环境的理解	□ 准确　　□ 大致吻合　　□ 错误 □ 无判断
2	年初对行业发展的判断	□ 准确　　□ 大致吻合　　□ 错误 □ 无判断
3	年初对客户情况的判断	□ 准确　　□ 大致吻合　　□ 错误 □ 无判断
4	年初对竞争情况的判断	□ 准确　　□ 大致吻合　　□ 错误 □ 无判断
5	年初制定策略的合理性	□ 准确　　□ 大致吻合　　□ 错误 □ 无判断
6	年初制定目标的合理性	□ 准确　　□ 大致吻合　　□ 错误 □ 无判断
7	年初制定措施的合理性	□ 准确　　□ 大致吻合　　□ 错误 □ 无判断
8	年初制定措施的有效性	□ 高效　　□ 一般　　□ 低效 □ 基本没动
9	对于新冠肺炎疫情发展的判断	□ 准确　　□ 大致吻合　　□ 错误 □ 无判断
10	对于新冠肺炎疫情对行业和企业影响的判断	□ 准确　　□ 大致吻合　　□ 错误 □ 无判断

（4）请您依据 KPI 完成度，对企业的各类人才进行分类，并填入图 2-8 的相应空格中。

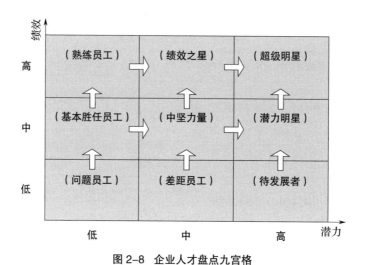

图 2-8　企业人才盘点九宫格

（5）请您对自己做一个复盘，并将复盘的内容填入表 2-15 中。

表 2-15　经营者自我复盘工具

序号	结果分类	具体表现	原因或总结的规律
1	说到做到		
2	说到，未做到		
3	说到，未做		
4	重新做一遍		

2."复盘矩阵"

"复盘矩阵"代表企业在过去一年的经营过程中的重要事

项，是根据企业过去一年的目标、重大计划、决策和人才的复盘，所总结得出的企业应该注意的 4 类事项，如图 2-7 所示。请您花 5 分钟的时间思考，并用 10～15 分钟的时间，将您过去一年对企业需要加大投入做的事情、要减少投入精力的事情、需要开始着手做的事情、以后不能做的事情进行总结，填入图 2-9 中不同的区间内。

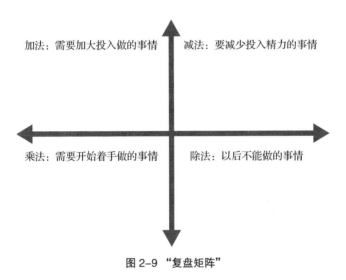

图 2-9 "复盘矩阵"

第 3 章
企业年度经营计划

3.1　制订年度经营计划：中小企业的痛点

古人云："凡事预则立，不预则废。"提前做好规划是促使目标成功的关键。本节将从中小企业关心的痛点——制订经营计划入手，分析中小企业制订经营计划的必要性和方法。

制订年度经营计划的 3 大痛点

许多中小企业的经营者，总要对面这样一件痛苦的事情：企业到底该不该做经营计划？为何中小企业的经营者需要面对这样的痛苦呢？我认为主要因素有 3 个，如表 3-1 所示。

表 3-1　中小企业经营者制订经营计划的痛点

序号	痛点	具体展开
1	经营者本身想法多，实践少	身为中小企业的经营者，自己有很多想法，但却很难一一落实
2	把经营的重心放在了琐碎事情上	每年中小企业琐碎事情繁多，经营计划的大部分内容都围绕这些琐碎的小事，结果导致自己被这些事务缠身，却看不到企业实质的发展成果

（续）

序号	痛点	具体展开
3	管理层能力不足	企业管理层能力不足，找不到明确的方向，整个企业在前进的路上犹如一盘散沙，让企业经营者倍感迷茫

很多企业经营者因为表 3-1 中的一点或几点，始终无法制订一个完整的企业经营计划。就拿第 3 点来说，企业管理层并非通过招募而来，也不是通过培训提拔的，而是企业经营者"带"出来的。企业经营者引领企业的管理层，在各种企业事务的历练中，不断摸爬滚打，一点点积累了行业经验，不断形成企业自身的管理风格和制度。管理层若想提高能力，必须不断地进行实践，不断攻克项目难题。

工作能力一定是从实践中得来的，如果我们要培养下属的工作能力，一个好的办法就是给他一个明确的工作目标，用奖罚机制激励他，推着他不断地向目标靠近，即通过工作实践来提高他的能力。

有的企业经营者喜欢给骨干员工报培训班，希望培训班可以提高员工的工作能力。事实上，如果公司没有一个长期的规划，员工没有一个明确的目标，即便是给他们报再多的培训班，花再多的钱也都是无效培训。之前我认识一个老板，他把公司的三名骨干成员都送来博商培训。这三名骨干成员的出勤率非常高，但是他们只出勤，不上课，常常签到打卡后就离开培训现场。最初，我以为他们是工作的原因，所以每天必须提早下课。但后来我发现，这三个人从课堂离开后，根本没有回公司。

这说明了这个公司存在一个问题，那就是没有做一个明确的经营计划，员工在工作中找不到强烈的动机去执行企业委派的任务。

如果没有一个长期且明确的经营计划鞭策员工，那么员工在工作中就容易失去方向。换言之，与其让员工去听培训课，还不如让他们依照企业的经营计划去动手执行一项任务。

小企业更需要做年度经营计划

很多中小企业的经营者认为，中小型企业不适合做年度经营计划。恰恰相反，企业越小越要做好长期经营规划。我认为原因有以下两点。

（1）中小企业需要通过经营计划聚焦有限的资源。

企业小就意味着可以使用的资源少，资源少就需要把这些资源聚焦在最重要的事情上。如果没有长期的规划，企业就很难有一个明确的目标，在经营的过程中，就有可能偏离原本的航道，最终导致资源浪费，这对于中小企业来说是致命的。

（2）制订经营计划有利于中小企业规章制度和企业文化的形成。

中小企业员工较少，发展初期正是形成企业内部规章制度和企业文化的最佳时期。如果此时能制定一个缜密的经营计划，让员工按照计划内容严格执行，那么势必能够养成一种良好的

"强执行、高效率"的习惯。等发展壮大之后，这些规章制度和企业文化也会自然而然地影响新的员工，从而形成良性循环，促进企业的良性发展。如果等到企业壮大之后再去给员工培养习惯，制定规章制度，那就需要付出更多的成本，并且也不容易转变原有的习惯和制度。

制订经营计划，有利于中小企业聚焦有限资源，将"好钢"用在"刀刃"上；也有利于中小企业规章制度和企业文化的形成。因此，越是中小企业，就越需要制订经营计划。

越是变化，越要计划

有部分企业经营者认为，市场瞬息万变，计划赶不上变化，故而他们干脆不做经营计划，跟着市场变化的节奏"边走边看"。这种做法究竟对不对呢？其实这种做法就像"脚踩西瓜皮——滑到哪里算哪里"。企业不仅可能永远找不到经营的方向，还要承受着随时"摔跤"的风险，实在不利于企业的发展。

另外，某些企业在制订经营计划时也会犯错：一是企业经营计划不准确、不周密、不翔实；二是没有做好信息收集和市场调研工作；三是不重视经营计划。他们把年度计划看成是不得不做的例行工作，其实内心并不认可经营计划，自认为"计划是计划，执行是执行"，计划与日常工作无关。在此种心态下制订的年度经营计划必然流于形式，没有可执行的空间，如图 3-1 所示。

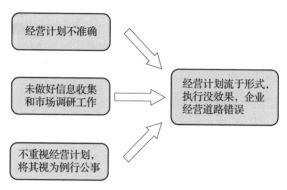

图 3-1　中小企业经营者在制订经营计划时常犯的错误

如何才能使企业在制订经营计划时避免陷入误区，并能够应对瞬息万变的市场环境呢？我认为可以从以下三个方面入手，如表 3-2 所示。

表 3-2　企业制订经营计划的三个方面

序号	内容	说明
1	制订应急经营计划	做经营计划时，不能只做单一的计划，至少应该有两个针对不同形势下的备选经营计划
2	制订周期相对较短的经营计划	经营计划的周期越短，灵活性就越高，可调整的余地也越大
3	充分利用中小企业灵活经营的优势	中小企业体量小，有足够的空间来转变经营方向和策略

下面我们就对这三个方面的内容进行具体说明。

（1）制订应急经营计划。对要做的事情越熟悉，计划就会越周全，意外情况带来的影响也越小。如果企业在不熟练的业务上做了经营计划，则需要给经营计划留一些弹性时间，制定应急方案。因为对业务的经验越缺乏，就应该留越多弹性时间给自己做出弹性选择。

例如，我们日常生活中的汽车导航路线，是一种非常灵活的计划。它并不会给你设定单一的路线，而是给出最节约金钱的非高速路线、最节约时间的不拥堵路线，以及最快到达的高速路线。这和企业做年度经营计划的道理相同。因此，中小企业做经营计划时，不能只做单一的计划，至少应该有两个针对不同形势下的备选经营计划。

（2）制订周期相对较短的经营计划。随着网络和直播的兴起，互联网产业催生的"网红风潮"来得快，去得也快。当你留意到网红商机时，再去进行新的开发和制造，很可能等公司产品上市后，这股风潮已经消退了。公司也白白投入了精力和财力。所以公司需要制订一些短周期的经营计划。经营计划的周期越短，灵活性就越高，可调整的余地也越大，便于跟上市场的脚步。

（3）充分利用中小企业灵活经营的优势。中小企业最大的经营优势是能灵活应对市场的变化。中小企业由于自身体量较小，有足够的空间来转变经营方向和策略。如果中小企业对外部环境的需求的变化不敏感，一味按照原定的计划埋头苦干，则会失去这个优势。我们可以在企业的产品、企业文化和员工培养上，构建企业的灵活经营思维模式。企业面对变化的应对能力，也能体现企业软实力。因此，提高中小企业应对变化的能力，在企业的发展中就显得尤为重要。

经营就好比一次旅程。你对路线越陌生，就越需要导航的帮助。为此，中小企业经营者在应对波谲云诡的市场环境时，需要做出完整的、能随机应变的经营计划；并且环境越是变化，经营者的经营计划越要充分，以应对各类可能出现的情况。

3.2 构建企业的年度经营循环

每一家优秀的企业，都会选择年度经营计划作为经营管理工具。制订年度经营计划也是一家小企业成长为大企业必须要做的事情。然而，有许多企业虽然做了年度经营计划，但在执行计划时总是遇到重重阻碍，执行结果也往往不尽人意。那么，一个好的年度经营计划是怎样的呢？

本节内容通过介绍年度经营循环工具的 9 大模块、"内外循环"理论和经营的 6 项原则，帮助企业经营者认识制订年度经营计划的底层逻辑，使经营者能够制订出一个可执行的年度经营计划。

年度经营循环的 9 大模块

经营者在制定年度经营计划的时候，应该注重一个重要的工具——年度经营循环，如图 3-2 所示。

从图 3-2 中可以看出，年度经营循环有 9 大模块，分别是：市场洞察、战略设计、核心策略、关键行动、明确责利、跟进追踪、绩效评估、持续改进、组织能力。这 9 大模块不仅是制订年度经营计划时应遵循的步骤，也是经营循环的各个环节，它们环环相扣，联系紧密。

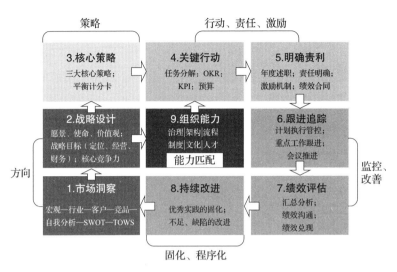

图 3-2　年度经营循环

在年度经营循环中，每个模块分别对应不同的内容。我们会在接下来的几章中介绍这些方面的内容。

经营者可以根据年度经营循环中的具体内容，按步骤制订年度经营计划。与此同时，在年度经营循环中，企业经营者需要注意以下几点。

（1）市场洞察、战略设计、核心策略、关键行动、明确责利、跟进追踪、绩效评估、持续改进等 8 个环节是以经营的结果为核心，属于年度经营循环的"外循环"，即经营圈。

（2）市场洞察和战略设计环节是所谓的"知己知彼"，此环节确定年度经营计划的方向。

（3）核心策略环节确定了企业年度经营计划应该聚焦哪些重要策略。

（4）关键行动和明确责利环节需要对年度经营计划的行动、

责任以及激励制度进行设计。

（5）在跟进追踪和绩效评估环节，企业要对年度经营计划的具体推进进行落实，即对计划的进度实施予以有效地监控和改善。

（6）持续改进环节是对进度经营计划的阶段性复盘，对有价值的东西进行固化，对缺陷要改进，使之程序化。

（7）组织能力环节与前面的 8 个环节有所不同，它以能力为核心，和其他 8 个环节相互匹配、相互渗透、相互影响，属于年度经营循环的"内循环"，即管理圈。

大多数企业对于每个环节的自我要求并不高，很多经营环节的完成度可能不足 60%。如果以 60% 的比例与每个环节的完成度相乘，最终的结果可能只有最初制订年度经营计划的百分之十几而已。所以许多中小企业的经营者总是认为制订的计划没用，实际上是没有严格执行年度经营循环每个环节的要点而已。

如果经营者想要提高年度经营计划的最终效果，就要从年度经营循环的每个环节入手，将每个环节的完成度提高到 90%。这样一来，结果必定会有质的飞跃。

"内循环"和"外循环"

在上面年度经营循环要注意的方面中，我们提到了年度经营循环的"内循环"和"外循环"。作为年度经营循环的两个循环系统，它们之间的具体关系是怎样的呢？

一个优秀企业的年度经济循环，它的外围一圈是以经营结果为核心的经营循环，即"外循环"；而内部一圈是以能力为核心的管理循环，即"内循环"。两套循环将相辅相成，共同支撑企业的经营，这主要体现在以下三个方面，如表 3-3 所示。

表 3-3 "外循环"和"内循环"对企业经营的作用和关系

序号	"外循环"和"内循环"	具体体现
1	"外循环"的 8 个模块	通过市场洞察"知己知彼"，确定经营目标、重大举措，然后制订具体的经营计划，再把计划分解到各个岗位。而在此过程中，需要不断地跟进，做阶段性的汇总和复盘，从而改善经营中的不足之处。如此一来，就形成了一套围绕着公司经营目标，制定相应的业务策略和措施的封闭循环
2	"内循环"能力匹配	从企业的治理方式、经营架构、经营流程、制度、文化、人才等角度，优化企业的管理，提升企业的内涵和软实力，从而拉动企业经营
3	相辅相成，同生共赢	成功的"外循环"又会带动"内循环"的产生，而良好的"内循环"又会促进"外循环"，即好的经营结果拉动管理能力的提升，有效的管理又能够反过来提升经营业绩

"外循环"和"内循环"相辅相成，同生共赢。那么对于企业经营者来说，在经营过程中，我们更应该注重"外循环"还是"内循环"呢？对于这个问题，我们需要结合企业的体量来说明。

对于小型企业而言，企业经营的结果至关重要。能否持续盈利关乎小型企业的生存。此时并不是不注重企业的管理做得有多出色，而是经营者对员工的情况应该是了如指掌的，无须做过多的干预，所谓的"凭本事干事"，即谁做出的结果越多，谁的话语权就越大。

如果是大中型企业，经营者可能无法马上熟悉某个员工的所有情况。此时，企业管理的作用就凸显出来了。在保证营收结果稳定的同时，运用高效的管理能力，建设企业的制度、流程、构架、人才等一系列的上层建筑，有利于提升企业的核心竞争力。

那么，我们应该如何界定一家企业是大中型企业还是小型企业呢？在实践中，我们可以以 80 人为分界线，80 人以上的企业为大中型的企业，80 人以下的企业为小型企业。如果一家刚成立不久的小型企业一开始就设想着企业的治理和架构，不去务实做业绩，而是空谈流程，那么企业的经营效率是会下降的。如果此时企业想丢弃这些架构重新经营，那么，这家企业就很难再成长起来了。

一家小企业如果想成为大企业，必定只有不断积累实践经验，紧抓经营循环的"外循环"，做出业绩后，再逐步扩大规模，讲求"内循环"，建设企业的内核。企业经营并非一朝一夕的事，只有脚踏实地，才有可能"出人头地"。

经营企业应遵循的 6 项原则

经营并不等于埋头苦干，而是需要遵循一定的要领。优秀企业普遍会遵循 6 项经营原则，如表 3-4 所示。这些原则能帮助经营者厘清经营思路，使经营者在制订计划时更符合经营循环的流程规范。

表 3-4　经营者应遵循的 6 项原则

序号	原则	具体展开
1	方向性原则	经营方向不对，努力再多也白费
2	关键性原则	解决经营问题要抓关键要素
3	计划性原则	人在目标和计划的指导下，工作会更有效率
4	激励原则	人的本能是趋利避害的，要运用激励措施经营
5	监管原则	员工只会做你检查的，要加强流程的监管
6	因"力"制宜原则	没有能力支撑的机会是陷阱

我们分别来看这 6 项原则的具体内容。

（1）方向性原则。年度经营计划为企业一年的发展指明了方向，防止企业在年度工作中打乱仗，迷失方向。如果企业的经营方向不对，那么就算付出再多资源和努力，也很难出结果。

（2）关键性原则。年度经营计划是企业发展的关键，是主要矛盾。通过抓住主要矛盾来解决问题，能够大大提高工作效率，避免企业在一些烦琐的事情上浪费时间。一般来说，企业的重要事项每年不超过 5 件。

（3）计划性原则。企业员工在目标和计划的指导下工作，会更有效率。就像海上航行的船，有了指路明灯，不管多黑，也始终知道自己的道路和终点，而不会迷路。

（4）激励原则。人的本能是趋利避害的，将员工的收入和企业经营直接挂钩，能够刺激员工认真完成业绩目标，进而实现企业的发展。

（5）监管原则。目标需要监管，工作内容需要审核。如果管理层没有任何监管和审核，那么对于员工来说，业绩做与不做，都没有差别，久而久之，组织架构就会松散。

（6）因"力"制宜原则。请各位经营者谨记：没有能力支撑的机会是陷阱！有多大能力，就做多少事情，赚多少钱。对于大公司而言，它们能力强，获得利润的机会也自然多；而对于广大中小企业经营者来说，超出自己能力范围的利润，是很难攫取到的。如果一家小企业把经营重心放在不断捕获外部的机会上，而不去提升自身的经营能力，那就很容易陷入困境。中小企业只有通过不断提高业务能力，得到市场认可，才能拾级而上，不断得到更好的盈利机会。

原则就像一枚罗盘，指引航船在无边的大海中砥砺前行。企业经营有了原则，则能减少在经营道路上的跌跌撞撞，进而奔向更加顺畅的未来。

3.3　年度经营计划时间表

在前面两节，我们厘清了中小企业做年度经营计划的必要性和年度经营循环。本节我们将结合年度经营循环的 9 个环节，让经营者知晓如何制订一份高效的年度经营计划时间表。

11 个环环相扣的具体事项

在经营计划循环中，我们了解到制订年度经营计划时要遵循的 9 个环节。如果我们将这些环节具体展开到一年的 12 个月中，就可以得出一张年度经营计划时间表，如图 3-3 所示。

序号	年度经营计划的具体事项	月份											
		1	2	3	4	5	6	7	8	9	10	11	12
1	数据收集与差距分析										■	■	
2	战略务虚会											■	
3	确定公司整体目标和计划												■
4	部门编写工作计划	■											
5	工作计划的审核	■											
6	年度经营会议召开	■											
7	绩效工作计划	■											
8	绩效合同	■											
9	会议跟进		■	■	■	■	■	■	■	■	■	■	■
10	绩效沟通	■	■	■	■	■	■	■	■	■	■	■	■
11	绩效兑现	■	■	■	■	■	■	■	■	■	■		

图 3-3　某企业年度经营计划时间甘特图示例

图 3-3 中的 11 个事项组成了年度经营计划时间表的具体内容。它们环环相扣，紧密联结，缺一不可。我们在制订年度经营计划时间表时，要注意它们之间的逻辑顺序和完整性。

从年末到下年年初的节点安排

在年度经营计划时间表中，前一事项做好了，后一事项才能顺利进行。而具体什么时候做哪一事项，也有相应的时间节点。具体安排如下：

（1）数据搜集与差异分析：10—11 月。

大多数企业开始进行数据收集的时间在 10—11 月。这相当于一项工作的前期素材准备阶段。只有对相应的数据进行了充分的收集和分析，接下来的战略务虚会才能看清企业所处的态势和未来的发展方向。

（2）战略务虚会：11 月底至 12 月。

通常情况下，企业会在 11 月底召开战略务虚会，有的企业也会放到 12 月进行。

什么是战略务虚会？务虚，是相对于务实而言的。日常工作中，企业会希望员工务实，脚踏实地地工作。那朝着什么方向、以什么目标来脚踏实地地工作呢？这个方向和目标确定的过程，就是战略务虚会所要做的。战略务虚会，是对企业发展的方向和目标进行高屋建瓴的宏观把控。

战略务虚会通常是为了统一思想，主要通过对前期收集的数据信息进行分析，以确定企业整体的年度经营目标。通过战略务虚会，研究企业发展存在的问题或风险，讨论企业以后的发展方向，明晰企业的发展路径。这就像一年中的 364 天用来埋头苦干、低头拉车，留一天的时间抬头看路，让企业的管理层来确定"拉车"的目的地和路径。

（3）确定公司整体目标和计划：12 月底。

战略务虚会结束之后，企业就发展方向和思路达成了共识，企业的整体目标和计划也就可以制定出来了。这项工作通常在 12 月底就能完成。

（4）部门编写工作计划、工作计划的审核：次年 1 月。

确定了公司整体目标和计划后，就要做制订部门计划的工作。经营者将企业整体目标计划分解到各部门，完成部门工作计划。这项工作完成之后，需要进行审核，这些工作在次年1月基本能够完成。有的企业也会把这两项工作提前到12月做完。

（5）年度经营会议召开、绩效工作计划、绩效合同：次年1月底至次年2月初。

年度经营会议通常有两个召开时间：①在1月的第一周召开；②过完春节后召开。会议在1月召开很及时，马上就根据计划做出安排部署。但是这个做法存在一个缺点：每年的1月底2月初通常是我国的农历新年，员工在这个时间段会放假。在开完年度经营会议之后就放假了，长假结束之后，员工再返回岗位工作时很可能把之前安排部署的工作忘记了，这相当于之前的努力都功亏一篑了。

我们一般建议选择第二个时间，即春节过后召开会议。通常是正月初八上班，春节后的前几天，大家都会有"假期综合征"，工作效率较低。这个时候就需要管理者采用一定的办法让员工回到正轨。此时召开年度经营会议，既将年度工作安排部署了下去，又可以转变员工的工作状态，帮助员工提高工作效率，可谓一举两得。因此，我建议将年度经营会放在春节休假结束上班之后的第一周开。开完会之后，就可以和员工签署工作计划和绩效合同了。

（6）会议跟进、绩效沟通：全年定期跟进。

召开年度经营会议之后，员工开始依据工作计划工作。然后，经营者需要召开会议跟进每个月的进度，每个月一结束，就要马上做面对面的绩效沟通，最后不定期进行绩效兑现。

最后，我们来讨论一下年度经营计划的起止时间问题，即一个好的年度经营计划，应该何时开始，何时结束呢？

很多经营者把年度经营计划的起止时间定为 1 月 1 日和 12 月 31 日，但这样会出现一个问题。因为以 12 月 31 日为终点，年终会核算员工一年的绩效情况，直接关系到员工的年度奖金，员工自然就会在年终阶段特别努力。但是绩效统计尘埃落定之后，员工在 1 月就很容易懈怠。再加上春节放假会进一步降低员工在 2 月的工作效率，使 2 月的业绩也同样不理想。而 1—2 月的亏欠，需要后面 10 个月的业绩来弥补，这会大大降低企业的经营效率。

我们不妨把企业的年度经营计划的起止点分别定为 2 月 1 日和次年的 1 月 31 日。由于结算终止点为次年的 1 月 31 日，那么 1 月变成了绩效冲刺阶段，大概率来说，员工在次年 1 月的工作状态会比较积极。这样，企业至少可以少浪费半个月的时间，经营效率肯定会提升。以博商的经验来看，这样安排年度计划，企业的年度业绩通常提升 5% 左右。

年度经营计划时间表与企业业绩息息相关，每执行好里面的一个流程细节，就能多为企业业绩提升一定的额度。具体如何执行，则需要经营者结合企业自身的情况去做。

复盘经营计划三

年度经营计划

过去一年，作为企业经营者，您是否制订了年度经营计划？年度经营计划的业绩目标是否达成？请根据本章所学，复盘年度经营计划。

1. 痛点回顾

请回顾一下，阻碍您制订年度经营计划的痛点是什么，有何解决办法，将内容填入表 3-5 中。

表 3-5　制订年度经营计划的痛点

序号	痛点是什么	针对这些痛点，有何解决办法
1		
2		
3		

2. 年度经营循环

请为自己在年度经营循环的各个模块打分，并找出可以改进的地方，将复盘的内容填入表 3-6 中。

表 3-6　年度经营循环复盘工具表

序号	模块	评分（满分10分）	可以改进的地方
1	市场洞察		
2	战略设计		
3	战略地图		
4	驱动要素		
5	措施设计		
6	措施实施		
7	绩效评估		
8	持续改进		
9	能力匹配		

3. 年度经营计划时间表

阅读表 3-7，请您结合企业自身的经营特点和经营状况，安排一个年度经营计划时间表，并在每个事项的执行月份中打"√"。

表 3-7　企业年度经营计划时间表

序号	年度经营计划的具体事项	月份											
		1	2	3	4	5	6	7	8	9	10	11	12
1	数据收集与差距分析												
2	战略务虚会												
3	确定公司整体目标和计划												
4	部门编写工作计划												
5	工作计划的审核												
6	年度经营会议召开												
7	绩效工作计划												
8	绩效合同												
9	会议跟进												
10	绩效沟通												
11	绩效兑现												

第 2 篇
策略复盘篇

　　本篇总共有 3 章内容，阐述了年度经营计划策略制定的 3 个要点：市场洞察、战略设计、经营目标与措施。

　　第 4 章介绍了市场洞察要点。本章分别从宏观、行业、客户、友商层面，复盘企业的客观经营环境，最后对自己做一个复盘，从产品收入、成本结构、资源能力、核心指标的分析等 4 个方面，总结出 4 条金律。

　　第 5 章介绍了战略设计要点。本章阐述了"SWOT 分析法""TOWS 组合策略"等策略工具，并通过复盘制定企业经营战略主题的流程，引出企业的愿景、使命、价值观，最后告诉读者如何制定企业的 3 年战略目标。

　　第 6 章介绍了经营目标与措施要点。本章依次复盘企业的经营目标、部门工作规划和企业人才，并引入激励目标对赌、"OKR 法"、"OGSM 法"、关键人才支持计划等经营方法和工具，让读者了解经营目标与措施的具体要点。

　　希望通过本篇内容的学习，读者能够掌握年度经营计划中策略的运用，今后在设计年度经营计划时能驾轻就熟，符合企业经营的真实轨迹。

Chapter Four

第 **4** 章

从市场环境挖掘自身优势

4.1 宏观因素：纵览诡谲的外部环境

企业是市场的主体，中小微企业占其中的大部分。洞悉整个市场的宏观环境，是企业复盘经营的必修功课。本节我们通过"PEST 分析法"，分别从政治、经济、社会、技术角度，分析中小企业的宏观经营环境，并选取一些中小企业应重点关注的宏观事件进行讨论。

用"PEST 分析法"解读宏观经营环境

宏观经营环境是一个多层次、多因素、纵横交错、复杂纷繁的综合体系，它涵盖了包括自然、政治、经济、社会等在内的诸多要素，共同塑造并影响着当代的企业经营模式。既然宏观经营要素这么复杂，有何方法可以让其变得条理化，使企业经营者能够清晰明了地了解宏观经营环境呢？我们可以用"PEST 分析法"来解读宏观经营环境。

"PEST 分析法"是分析影响所有行业和企业的各种宏观力

量的方法。对宏观环境要素作分析，不同行业和企业根据自身特点和经营需要，分析的具体内容会有差异，但一般都应对政治（Politics）、经济（Economy）、技术（Technology）和社会（Society）这四大主要外部环境因素进行分析，即"PEST 分析法"。

作为企业经营者，应该具备捕捉宏观环境变化的能力。许多时候，为了将这些宏观要素与企业经营之间的联系具体化，我们会采用表格的方式。通过表中信息，分析与企业发展密切相关的宏观环境的变化趋势，并解读这些因素对企业经营的影响，包括影响的层面、程度以及利好性等方面，如表 4-1 所示。

表 4-1　利用"PEST 分析法"解读博商的宏观经营环境

分析要素	整体情况及趋势	影响情况的说明	影响结果	影响类别	强弱程度（0~10分）
政治	国际形势的变化和新冠肺炎疫情加剧了"逆全球化"	绝大多数企业转型国内市场、增加了关于渠道管理、建设品牌形象、提升市场营销的内容需求	产品	不利	6
		外贸型企业出口受阻，国内竞争进一步加剧	需求	不利	7
	2022 年是"十四五"规划的第二年	新一轮的资源投放将促进经济的稳定发展	订单	有利	6
	加强新时代民营经济统战工作，建设良好的营商环境，支持和引导民营经济良性发展	民营企业的投资信心会得到增强	订单	有利	6

复盘经营计划
挖掘影响业绩的深层原因

（续）

分析 要素	整体情况及趋势	影响情况的说明	影响 结果	影响 类别	强弱程度 （0~10分）
经济	"双循环"发展中，推进以科技自主的产业和消费的"内循环"建设	对技术创新、产品创新的管理需求会增加消费驱动经济	产品	不利	5
	刺激和鼓励以居住、医疗保健、教育文化为重点的投资和消费	品牌建设、连锁经营、创新营销的市场需求增加	产品	不利	8
	推动以数字经济、智能制造、生命健康、新材料为主题的"新基建"建设	该类行业的趋势、商业模式和经营模式、资源整合的需求增加	产品	有利	5
社会	出生率下降，逐步进入老龄化社会	运营效率的提升成为企业刚需	产品	有利	6
		增加企业的运营成本	成本	不利	7
	"9000岁"渐成消费的主力军	企业向"新经济"转型成为趋势：高性价比、线上、视频、设计、颜值、互动、体验、品位	产品	不利	7
	新冠肺炎疫情加速培养人们使用移动互联网的习惯	加速了线上产业的发展	产品	不利	6
技术	AI技术、智能制造、物联网技术的成熟，推动互联网产业的发展	数字化转型将成为企业经营管理的必选项	产品	不利	5

（续）

分析 要素	整体情况及趋势	影响情况的说明	影响 结果	影响 类别	强弱程度 （0~10分）
技术	5G、VR 技术、AR 技术普及将推动以视频为载体的资讯传播	线上学习将成为学习的主要方式之一，VR、全息投影将极大提升线上学习的体验感	模式	不利	5
		短视频模块将成为各类企业（特别是教育机构）经营的重要战场，成为获客、品牌传播、体验和服务的重要平台	模式	有利	5

接下来，我们就根据表 4-1，从政治、经济、社会和技术 4 个方面具体分析企业的宏观经营环境。

政治：认清形势，把握政策优势

我们要清楚，政治对企业经营具有重要影响。企业经营者可以从认清当前形势和把握政策优势两个方面，去分析影响企业经营的政治要素。

（1）认清国际形势。

当前国际形势复杂，加之新冠肺炎疫情的冲击，这些都深刻影响着当前国际主要经济体之间的关系。同时，为了防御新冠肺炎疫情，许多经济体对进出口管控的力度都有所增强，种种原因导致了全球化趋势有所放缓。

在这种背景下，国内的企业要谋生存、谋发展，势必要改变或调整之前的经营策略，尤其是对传统的、以出口为主要销售渠道的外贸企业而言，就不可避免地开始向国内业务转型。而选择了这种经营策略，就要考虑对渠道管理、品牌建设、市场营销等诸多方面需求增加的问题。

（2）把握政策优势。

在 2021 年 11 月，国务院促进中小企业发展工作领导小组办公室印发《提升中小企业竞争力若干措施》。在这份文件中，提到了如何更好地赋能中小民营企业。赋能中小民营企业整体的方向是，在融资上、财税上支持中小企业的发展，使其能够创新发展，推进数字化转型，提升工业设计来提升产品的附加值，并积极开拓海外市场等。例如，支持中小企业建独立站、建海外的线上品牌、建海外仓库等。

另外，2022 年是"十四五"规划的第二年。中小企业经营者要把握经济领域资源投放，针对自身特点，获取政策层面的重要资源支持。

企业在把握国家的政策优势时，应注意以下 3 方面，如表 4-2 所示。

表 4-2　在把握国家政策时应注意的 3 方面

需注意的方面	具体说明
①把握政策导向的整体趋势	在绿色发展、质量管理以及人才素质建设上，能够把握整体发展的趋势
②正确理解三次分配的含义	厘清三次分配的作用和边界：三次分配的基本原则是自愿基础上的社会共济。在自愿的前提下，分配调节收入，审慎对待"福利主义"

（续）

需注意的方面	具体说明
③稳定宏观经济	坚持宏观经济的稳定发展。稳字当头，稳中求进，各方面要积极推出有利于经济稳定的政策，慎重出台有收缩效应的政策，政策发力要适当靠前

经济：注重"内循环"的发展

"十四五"规划中我国 2022 年整体经济增长目标是 5% 左右。IMF（国际货币基金组织）给出了我国在 2022 年的经济增长 4.8% 的预测，而世界银行则给出 5.1% 的预测。随着国际经济形势日趋复杂，作为中小企业经营者，我们应该如何应对呢？

我认为可以从经济发展战略中的"内循环"入手。我国制定的经济发展战略是内外互动的双循环新发展格局，具体而言，"内循环"的两个主要方面在于推动国内企业的科技自主创新能力与刺激国内消费水平增长，如表 4-3 所示。接下来，我们就具体来看这两方面的内容。

表 4-3　企业经营者需要注意经济"内循环"的两个方面

主要注意的方面	具体说明
刺激国内消费水平增长	直播行业兴起，国家推出居住消费、医疗保健消费与教育文化消费的重点激励政策
推动国内企业的科技自主创新能力	解决技术"卡脖子"问题的根本办法，是增强国内企业的科技自主创新能力

（1）刺激国内消费水平增长。

为什么要刺激国内消费水平增长呢？因为现在的经济形势下，国外的订单减少，需要内需来拉动经济增长。为了刺激消费，许多新兴行业得到支持和鼓励，其中就包括比较热门的直播行业。传统电商为老百姓提供了多样化的产品购买渠道，在互联网直播的联动下，可以将产品直观地展示给消费者，刺激了社会的消费需求。这些溢出的消费需求，直接导致了企业订单的增长，而订单的增长使资金回流，为企业的持续发展创造了条件。

除了直播行业刺激消费，国家刺激消费的举措还有哪些呢？目前，国家推出居住消费、医疗保健消费与教育文化消费的重点激励政策，以刺激消费水平的增长，并且已经取得一定的效果。

（2）增强国内企业的科技自主创新能力。

当前，中国在高科技产品领域面临各种各样的外部制约，即"卡脖子"问题。解决这些"卡脖子"问题的根本办法，是增强国内企业的科技自主创新能力，最突出的例子就是微芯片和生物医药领域中的新材料研发，这些项目往往会投入巨额资金，因为一旦成功，它们对国内经济的拉动作用将十分显著。

在2022年，中国制造型企业的利润空间可能会被进一步压缩，注重绿色经济的创新科技型企业将具有更强的竞争优势。把握这些国家宏观战略，有利于企业经营者进行内部创新，避免在经营过程中走太多弯路。

社会：社会风口、"9000岁"经济和老龄化

在了解政治和经济的宏观要素之后，我们再来看一看对企业经营有影响的社会要素。

首先，经营者需要了解社会风口对经济的影响。

某个行业良好的社会风评会促进行业的发展和变革，若社会风评反转，则会将某些行业推向风口浪尖，甚至左右行业的存亡。比如这两年一直具有社会高讨论热度的"过度教育"问题，受到越来越多专家和家长的质疑，之后，随着一系列行业规范和条例的出台，K12教培机构的转型迫在眉睫。

其次，经营者需要了解近年热门的"9000岁"经济。

什么是"9000岁"？通俗来说，就是90后与00后的年轻人。"9000岁"也逐步成为市场的消费主力军，这使"悦己消费"与"兴趣电商"逐渐成为主流趋势。比如，某位女士在直播中看中一款化妆品，虽然价格较为昂贵，但能让自己感到快乐，最后买下来，"喜欢就买了"说明目前主流消费群体更看重产品对自身情感需求的价值。那么企业可以针对产品的外观及产品的交互性，设计一些能够满足这方面消费需求的小众品牌，从而创造价值，赢得利润。为了吸引这部分消费群体，企业有必要有针对性地调整商业模式和产品营销手段。

最后，经营者要注意中国社会的人口变化趋势和生活习惯的改变。

目前，中国社会在人口变化呈现两个主要特点：一是出生率下降，二是出现老龄化的趋势。这使得目前许多与医疗、养老相关的行业兴起和发展。随着人口思维方式的转变，人们的生活习惯及观念也在发生巨大变革，比如近年来年轻人的婚恋观正在悄然发生改变。考虑到一些现实的因素，如生育成本、养育成本、教育成本都居高不下，年轻人较少地选择传统的家庭模式，而是倾向于"独居生活"，这种情况被称为社会组织原子化。作为经营者，我们更应该考虑如何服务这类人群，如何从中找出适合自己企业的经营模式。

社会的某些现象揭示着历史可能的发展方向，企业经营者在复盘宏观社会要素时，要顺应时代的潮流，以此调整企业经营的方向。

技术：智能行业加速发展

接下来，我们再将注意力集中到技术上。

互联网是人类社会的一项伟大创举。基于互联网技术，现在中国还在推进"互联网+"项目，旨在利用互联网推动社会全领域的发展。提到互联网技术，当下炙手可热的莫过于人工智能。目前，人工智能与制造、物联网等技术会将互联网技术推向更加成熟的地步，也会极大地推动产业互联网的发展。

阿里巴巴集团在杭州建了一个"犀牛工厂"，再结合其已经构建好的信息工厂、菜鸟物流网络，以及工业的智能制造，将这些技术要素综合起来，会成为产业互联网中一个非常重要的模型。这个模型可以使企业生产与消费之间的无缝对接变为可能，也会直接促使企业的整体运营效率飞速提高。

对于大多数企业而言，产业互联网的发展及由此衍生的数字化转型，往往会成为企业经营管理的必选项。阿里巴巴的CEO张勇曾经说过，未来只有两种企业：数字化企业和传统非数字化企业。现代企业发展的大趋势是数字化，这种趋势会从哪些方面影响经营者的收益呢？

其一是产品。

经营者需要开发出能帮助企业做数字化转型的一些产品。但我们可以很快从这之中获益吗？当然没这么容易，因为任何一份收益的取得都需要一个过程。比如，5G 技术的普及促进了VR 技术的发展。过去戴过 VR 眼镜的人都会认为这种体验并不友好，原因是 VR 眼镜比较重，而且戴久了还会有点晕。造成头晕的原因主要是计算速度不够快，VR 眼镜的计算速度是慢于人眼睛的速度的，人眼适应画面需要一定的时间，在这个适应时间内，人就会觉得镜像有点晃。5G 技术成熟之后，VR 眼镜的眩晕感就会大大减轻，即 5G 技术帮助 VR 产品实现了革新。

其二是运营模式。

5G 技术的成熟有利于运营模式的变革，使企业的运营模式线上化、互联网化；不利的影响是加速了传统线下行业和渠道的萎缩。整体来说，新技术对于企业经营者来说是利大于弊的。

通过上述对政治、经济、社会、技术四个宏观环境要素的复盘，我们可以得出这样一个结论：任何一个经营者在开展具体的经济活动时，都不可避免地受到这些宏观要素的影响。宏观复盘绝对不是无关紧要的，而是需要经营者去深刻把握的。如果仅仅把宏观要素的复盘当成酒桌上的谈资，而忽略了它对于企业长期经营计划制订的作用，那么企业将很难发展壮大。

企业应重点关注的宏观事件

在当前的经济形势下，部分正在发生或将要发生的宏观事件需要经营者加以关注，如图 4-1 所示。

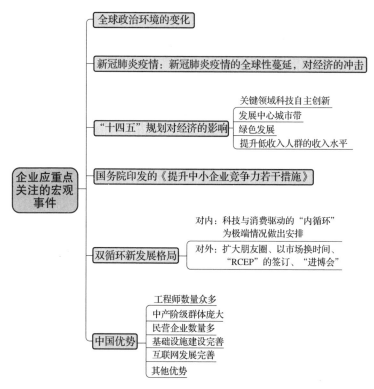

图 4-1　企业应重点关注的宏观事件

在图 4-1 中，新冠肺炎疫情、全球政治环境的变化、中国优势、双循环新发展格局、"十四五"规划对经济的影响、《提升中小企业竞争力若干措施》等都是企业经营者需要关注的宏观事件。其中部分宏观事件我们在上面展开叙述过了，接下来，我们将对新冠肺炎疫情和中国优势进行阐述。

（1）新冠肺炎疫情。

从 2020 年伊始，世界上几乎所有经济体都不可避免地受到新冠肺炎疫情的影响，各国、各地区都受到不同程度的冲击。至今，我们仍需警惕新冠肺炎疫情带来的不利因素。但是，我们还发现，目前大部分经济体在应对新冠肺炎疫情方面，越来越从容。无论未来新冠肺炎疫情如何蔓延，其对单个经济体或全球经济的影响已经可以预见。

在 1918—1919 年，发生在西班牙的大流感生动演绎了疫情二次暴发的严重后果。

1918 年上半年流感开始在西班牙传播流行，并于 6 月左右达到第一次峰值，之后逐渐呈现较为平稳的趋势。然而随着秋冬季节的来临，感染人数在当年的 11 月突然又出现爆发式增长。很多人理所当然地认为，这两次流感疫情对人类的威胁是相同的。但事实却是，第二次流感疫情的死亡率，相较于第一次上涨了 3 倍！

几乎所有流行病在人类社会初次出现时都会具有一定的不可预知性，中小企业经营者要时刻警惕新冠肺炎疫情对企业经营的影响，做好经营工作。

（2）中国优势。

中国仍面临极复杂和充满挑战的外部环境。同时，中国也抓住了机遇，充分认识和发挥自己的优势，实现了经济的增长。这些优势具体到经济领域，我认为有以下几个方面，如表 4-4 所示。

表 4-4　中国优势及具体情况

序号	中国优势	具体情况
1	工程师数量众多	工程师的总数有 7 000 多万人，已经超过了英国的人口总和
2	中产阶层群体庞大	拥有全世界人数最多的中产阶层群体，总数超过了日本的人口总和
3	民营企业数量多	我国是民营企业数量最多的国家。2012—2021 年间，我国民营企业数量从 1 085.7 万户增长到 4 457.5 万户，翻了两番，在企业总量中的占比也从 79.4% 提高到 92.1%。2021 年中国新设民营企业 852.5 万户，同比增长 11.7%
4	基础设施建设完善	我国是全世界基础设施建设最好的国家之一。传统基建方面，我国拥有将近 4 万公里的高铁线路，高速公路总里程已达 14 万千米，均排名世界第一，另外还有数不清的桥梁等；新基建方面，云计算、大数据、物联网、人工智能、5G 等信息技术被越来越广泛地应用于基础设施建设
5	互联网发展完善	我国网民规模达 10.11 亿，互联网普及率达 71.6%，形成了全球最为庞大、生机勃勃的数字社会
6	其他优势	拥有全世界最勤劳的老百姓、最完整的供应链，以及最大的消费市场等

上述总结的任何一个优势，都可以构成未来中国中长期的竞争优势。我们有理由相信，未来中国的发展会越来越好。

对于众多中小企业而言，这些优势的背后是更加多元化的社会资源：人力资源、财力资源、物力资源和科技资源等。中小企业经营者可以根据自身所需，摄取相应的资源，汲取中国优势的养分，为企业的发展提供动力。

掌握更详细的信息和数据，获得更透彻的认知来进行宏观分析，无论对个人还是对公司，都是受益无穷的。故而经营者需要重视宏观分析，毕竟人生适合闯荡的时间不过短短数十载，创业者还是要少走弯路。

4.2 行业因素：洞察行业的潜藏布局

行业分析，就是通过运用计量经济学、综合应用统计学等学科对某一行业进行行业发展态势、结构规模、市场竞争等方面的深入研究，从而预测行业发展趋势，为企业或行业投资者等提供运营或投资的参考依据。在本节中，我们将通过复盘行业的 8 个要素，来洞察市场行业布局的奥妙，并给出行业机会和关键成功要素分析，帮助企业经营者更好地盈利。

8 个行业要素

在市场上，关于行业的分类，有一种通俗的说法：其一是很辛苦不赚钱的行业，其二是赚辛苦钱的行业，其三是很赚钱又不那么辛苦的行业。如何分辨哪些是既赚钱，又不辛苦的行业，是许多经营者都在思考的问题。对于这个问题，我们可以从以下 8 个方面对行业进行解读，如表 4–5 所示。

表 4–5　8 个需要关注的行业要素

序号	行业要素	说明
1	国内外行业发展趋势	行业处于哪个阶段？企业应该选择进入行业的时机是何时
2	市场增长与容量	市场是上扬还是下行？容量值不值得企业进入
3	行业价值链分析	由哪些具体链条组成？每个链条所占的价值为多少？行业有哪些上下游渠道？企业如何选择行业位置
4	行业盈利水平变化	所在行业盈利水平如何

（续）

序号	行业要素	说明
5	行业竞争格局	竞争对手有哪些？各自的优势是什么？行业集中度如何
6	行业新模式和新技术	有哪些值得学习借鉴的行业新模式、新技术
7	行业区域分布	所在行业在区域分布上有何特点？如何依据区域分布格局制定经营战略
8	国家和区域的产业政策	有哪些有利和不利的产业政策？如何把握产业政策

接下来，我们对 8 个行业要素进行深入分析。

（1）国内外行业发展趋势。

这里我们引入美国哈佛大学教授雷蒙德·弗农在 1966 年提出的产品生命周期理论。产品的生命周期理论，指的是任何一个产品从最初被设计出来，到在市场上的普遍流通，都会有一个生命周期：从导入期到成长期，再到饱和期（也称"成熟期"），最后进入衰退期。薄利多销是绝大部分制造业的最终经营状态（也适用于一些服务产业），如图 4-2 所示。

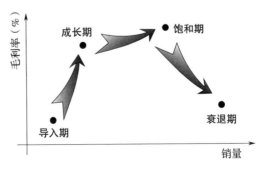

图 4-2 产品的生命周期理论

对应到行业发展趋势来说，我们可以分 4 个阶段具体说明，如图 4-3 所示。

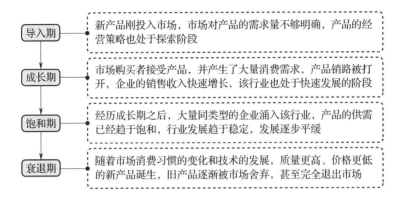

图 4-3　产品周期理论不同阶段对应行业发展趋势的说明

处于不同阶段的行业，对企业的要求也不一样。企业可以根据自身特点，选择何时进入该行业。

（2）市场增长与容量。

市场增长与容量是企业进入市场的重要依据之一。规模大但是行业增长率低，未必就值得企业进入；现有规模小，但是行业增长率高，那未来可能是大行业，具有巨大的潜力。

行业增长性在很大程度上决定了这个行业还有没有盈利机会。处在风口的行业就像是上行的滚梯，不用付出太多努力就可以上去；相反地，如果是下行的滚梯，就需要很努力地反向跑上去，才能保证企业不落后于竞争者。对于经营者而言，判断行业处于上行阶段还是下行阶段，是一件很重要的事情。

如何判断一个行业是否值得经营者坚守呢？如果一个行业处于下滑阶段，或者只是行业发展速度低于 GDP 增速，这就意味着这个行业处于下行期，该行业的盈利水平会降低。若一个企业已经处于这种低于国家 GDP 增速的行业，那应该如何走出经营困境？我认为可以先把企业原本的业务做好，同时，用"流进来"的资源去寻找新的利润创造点。用现有资源去扩展新的机会、新的资源，才可能让企业顺利发展下去。

行业容量，主要是指该行业在一定时期内能够吸纳某种产品或者劳务的总量。可以理解为"这块饼有多大"。行业容量大，可以拉动企业投资和利润水平的增长；反之，如果行业容量太小，经营者很难单纯依靠提升效率来提高企业的利润。

那该如何衡量行业容量的大小呢？我们可以通过行业的资本总量来衡量。通常，如果一个行业的市场资本总量超过 50 亿元，那就说明该行业容量较大，值得企业进入；如果该行业容量低于 50 亿元，就尽量不要冒险尝试，因为行业天花板太低，企业发展容易受到限制。

（3）行业价值链分析。

价值链的概念，是由美国哈佛大学商学院迈克尔·波特在 1985 年提出的。他认为，每个企业从设计、生产、销售等所有活动，都可以用一个价值链来表明。随后，价值链概念扩展到整个经济活动中，如上下游关联的企业所在行业的价值链、企业内部存在的价值链等。价值链上的每一项价值活动都会对企业的发展产生重要影响，如图 4-4 所示。

在同一行业，处于价值链上的不同位置，对企业的要求也不一样。经营者在选择行业时，应该根据自身优势和特点，选择更适合企业的行业位置。

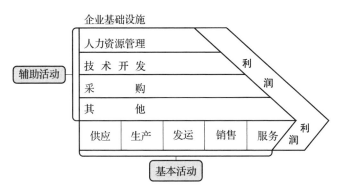

图 4-4　行业价值链一般模型

从战略定性来说，经营者首先可以思考自己公司的前景和发展阶段，通过项目、研发市场、销售内容等提供落地支持。经营者认识到自己企业的价值链所处的位置，找到对企业发展最重要的一段，分清每一段价值链是怎样的盈利水平，再去延伸这条价值链。

我们举一个例子。在 2020 年新冠肺炎疫情发生后不久，出现了一波生产口罩的浪潮。口罩的价值链是什么样的呢？从原材料熔喷布开始，到口罩机生产，再到制造不同规格的口罩，然后经历一系列的资质认证，最后通过合适的销售渠道将口罩投放市场，交到消费者手中，如图 4-5 所示。

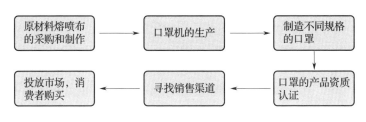

图 4-5　口罩行业价值链

据调查，当时博商的会员里有 20 家生产口罩的企业，而其中有 19 家都在亏本，只有一家企业盈利。为什么在大多数企业都亏本的情况下，这家企业实现了盈利呢？当时生产口罩的企业可以用数以万计来形容，而这家企业的经营者并没有跟风从事口罩生产，居于行业中端，他发现了口罩行业价值链中的关键一环——既不是口罩机，也不是熔喷布，而是口罩的产品资质认证和销售渠道。

对口罩行业的价值链有了准确认知之后，这位经营者首先营造了一个洁净的口罩生产车间，将其做成 GMP 执行车间，顺利拿到了口罩的产品资质认证。针对销售渠道问题，他又找到了许多来自不同国家的股东，扩展了全球口罩的销售市场。

解决了这两个关键问题，这位经营者又把生产线买了回来，如何做产品和定价都取决于自己，也不愁产品没有销路，自然而然能盈利。准确地分析了行业产品价值链，还能认识最重要的一段，并对其做充分的准备，无疑会掌握经营的主动权，企业的盈利水平自然能够提升。

（4）行业盈利水平变化。

企业的盈利水平的变化由行业发展趋势决定，经营者要积极关注行业盈利水平的变化情况。其中，毛利水平是其中较为重要的一点。零售业可以只有很低的毛利，因为它不是流通业，保有 10 个百分点的毛利，就可以实现盈利，正所谓薄利多销。如果主要站在资本的角度上分析，那就另当别论了。例如销售业、服务业等行业的毛利如果低于 20 个百分点，一般投资者都

不会对其感兴趣，因为只要原材料和人工费稍微有些变动，20
个百分点的毛利就会导致企业亏本。

（5）行业竞争格局。

企业经营者在观察竞争格局时，需要注重哪些方面？一方
面，在观察竞争格局时，需要经营者分清有哪些竞争对手；另
一方面，在同他们竞争时，经营者要清楚各自占据怎样的优势地
位。在某个行业中，如果一个行业领军者已经拿到相当一部分的
市场份额，那么其他的竞争者就需要改变经营策略了。对于竞争
者而言，这个市场份额的界定值是多少呢？我认为以 30% 为佳。

例如，某地房地产行业的头部品牌已经取得 10%～30% 的市
场份额，甚至超过市场份额的 30% 时，那么可以认为房地产行业
大方向的竞争格局业已形成了，中小企业很难撼动这种格局。然
而，还是会有部分中小企业想要分一杯羹，它们又该怎么做呢？

我认为，中小企业需要找到一个非常狭窄的细分市场，才
能有机会继续竞争。然而当行业领军企业已经拿到 10%～30%
的市场份额，而其他竞争者依然坚守没有改变的产品品类及经
营策略，那么这些竞争者获取的利润将十分微薄。

行业的集中度对行业竞争格局也有重要影响。就博商所处的
教育培训行业，从行业水平、区域分布、从业者素质、消费者阶
层来说，都不算十分集中，相反地，还特别分散。且教育培训行
业在国内有 2 000 亿～3 000 亿元的庞大市场份额。这也导致教
培行业的竞争格局十分繁杂，而行业巨头也不过只占据了 10 亿
元的市场份额，远远没有达到市场总额的 30%，甚至连 10% 都

未达到。这为许多中小型教育培训企业的发展和竞争提供了空间。由此观之，行业的集中度对行业竞争有不小的影响。

（6）行业新模式和新技术。

随着社会的进步，无数行业在竞争中都会衍变出新的行业模式、新的技术，这是企业经营者要特别注意的地方。因为这些新模式、新技术往往代表着行业发展的新方向。

举个简单的例子。在 5G 时代，利用互联网技术进行线上操作是教育培训行业的新特点。对于博商而言，线上获客、线上交付、线上知识付费等经营模式，是需要把握的机会。也正是因为运用了这些新的经营模式和新技术，博商才在行业竞争中取得成功。

我们不妨再举一个教育培训行业的新模式的例子。教育培训行业的新模式是什么呢？就是细分行业的培训。有一家出色的美甲教育培训公司，选择以美甲店为载体做美甲咨询，并在甲片的设计、定价方面进行培训；同时，对美甲师的培养和鼓励也面面俱到，甚至还会培训每天怎样办理促销会员卡。几乎是对该行业的各方面都进行了培训，而这些对于美甲店的经营者来说，十分实用。由此可见，了解行业新模式，对于企业经营者把握经营的方向大有裨益。

（7）行业区域分布。

了解不同区域的行业分布对经营活动也有作用。不同区域的行业发展情况亦不尽相同。以广东省的教育培训市场为例，全国参与企业培训的人员，每 4 个当中就有 1 个是由广东省的教育培训机构培训出来的。广东省的教育培训市场的前景十分可观，其他省市的教育培训市场比广东省的要逊色一些。

上海的教育培训市场潜力巨大。博商在入驻上海的第一个月内，举办了一场活动，有当地的许多企业家和创业者捧场，第二个月就在上海开了分销中心。在上海取得了初步成功后，博商计划下一步向北京教育培训市场进军。

明晰不同区域的行业发展状况，根据区域布局企业发展格局，对企业年度经营计划的制订十分有利。

（8）国家和区域的产业政策。

国家和区域的政策支持，这对企业发展十分重要。经营者需要了解国家和区域通过了哪些支持潜力行业的政策，有哪些遏制不良、低效行业的政策。只有了解了这些政策，企业家才能保证企业的安全发展，使企业的发展进入快车道。

现阶段国家对教育培训行业的民营企业的优惠政策，主要有两个方面的内容：

一是国家支持民营企业发展，支持经营者各尽其才，并鼓励运用社会力量兴办商业培训学校。

二是国家支持商业协会的建立，以此提高企业家的培训能力。

理解了行业的 8 个要素，经营者就可以以自身企业为例，从机会和挑战两个方面，分析其各个行业要素。博商根据教育行业的各个要素，分析了其行业机遇和挑战，如表 4-6 所示。

行业分析的要素虽然繁杂，但如果经营者能耐心列举，找出影响企业发展的关键要素，则能够为企业点明发展道路，助力企业的经营。

表4-6 博商行业要素分析

行业要素	特征及变化趋势	机会	挑战
国内外行业发展趋势	①多场景学习；②在线学习逐步成为主流；③培训和工作场景高度融合；④AI等技术对培训业的改造；⑤培训与产业的融合；⑥培训行业的资本化速度加快	①"技术化+OMO+资本化+实战化"趋势促进培训业的深度变革；②提高对培训业的深度门槛；③放大头部企业的优势	培训企业引领变革的能力需加强、速度需加快
市场增长与容量	教育培训行业2020年市场容量约4 000亿元	行业总容量在增加	—
行业价值链分析	项目设计（5%~10%）—市场销售（30%~50%）—内容提供（20%~35%）—落地支持（10%~15%）	客户为好产品买单的需求在增长	—
行业盈利水平变化	毛利率50%~83%，销售费用20%~40%，净利率10%~18%	降低获客成本是培训企业获胜利的关键	提高人效比是企业盈利的关键
行业竞争格局	①行业分散，有超近10万家机构，占比0.25%；②行业头部企业年营收近10亿元，占比0.25%；③行业集中度将进一步提升	头部企业优势扩大	腰部企业生存空间受到挤压
行业新模式和新技术	①线上获客，支付和知识付费发展速度加快；②深耕行业的培训机构竞争力加大；③品类创新的机构具有发展潜力	①线上获客、线上知识付费的需求在增加；②行业类产品的需求在增加	①线下机构向线上转型；②对行业资源的组合经营能力
行业区域分布	博商的业务构成：广东省占26%，上海市占17%，北京市占13%，江苏省占11%，浙江省占6.5%，四川省占4%，其他地区占22.5%	上海、北京两地占比30%，市场的需求巨大	需要推出适合目标地市场的产品和经营团队
国家和区域的产业政策	①扶持民营企业发展，发展企业家能力，力量办学；②支持商协会培育企业家能力	行业受国家支持	商协会分流一部分企业家培训的业务

如何获取行业机会

企业经营者应该从自身出发，放眼行业布局，避免"闭门造车"。了解行业特征与发展趋势只是行业分析的基础。如何把知识转化为产能，正向叠加行业优势，使企业获得行业机会，才是行业复盘的关键。关于这个难点的解决方法，我们总结为 4 个关键点，将它们相互结合，就可以形成"滚雪球效应"，如表 4-7 所示。

表 4-7　获得行业机会的 4 个关键点分析

序号	获得行业机会的 4 个关键点	具体展开
1	判断行业是否值得发展	在红海市场中，企业的竞争空间十分有限，产品服务高度同质化，价格战无法避免，企业还要和行业巨头竞争，压力巨大。此外，国家政策上也不会对成熟行业有过多的支持和补贴。因此，面对这种类型的行业，入场前一定要慎重考虑
2	要找到行业的细分市场	行业内有无数的细分市场，经营者要调查研究哪一块细分市场具有发展空间和更高的利润。通过对行业的调研，预判行业的未来趋势，去开发新产品，是一条不错的路径。但切忌不能盲目转型，公司进行产品转型风险很大，做决定之前一定要进行充分的市场调研和分析，迎合行业整体趋势
3	判断行业的获客途径	谁先掌握了规模获客的本领，谁就能在市场上遥遥领先。以商业直播的规模获客为例。某些直播带货头部主播，形象大方，口才出色，积累了一批忠实粉丝，所以商品卖得好。由于直播间积累了大量流量，主播在面对品牌商家谈判时，主动权就变大了，能拿到性价比更高的产品在直播间售卖。有了性价比高的商品，直播间卖货就更加容易，粉丝就更多，从而进入一个良性经营循环

（续）

序号	获得行业机会的 4 个关键点	具体展开
4	思考行业成功的关键点	想要了解公司所处行业的成功关键点，简单直接的方法就是通过分析行业内的标杆企业，领悟行业领先的关键成功因素，并提升公司在这方面的实力，才能与处于优势地位的行业巨擘有抗衡的筹码

一个行业的经济特性、竞争环境及变化趋势，往往决定了该行业的利润前景。对于那些毫无吸引力的行业，即便是好的企业也难以获得令人满意的利润；相反，在颇有吸引力的行业中，弱小的企业也可以取得良好的业绩表现。

行业成功的关键要素

对于经营者来说，哪些因素能够促进企业成功是他们最为关心的。影响企业行业成功的关键要素主要有：品牌、销售渠道与销售模式、市场推广、用户运营、服务网点、产能、成本优势、物流与供应链、人才、数字化运营、技术创新能力、产品和服务差异化、政府关系、资本实力等。如图 4-6 所示，是某企业行业成功的关键要素。

☑品牌	☑市场推广	☑销售渠道与销售模式	☑用户运营	□服务网点
□产能	☑数字化运营	□物流与供应链	□成本优势	□人才
□政府关系	☑产品和服务差异化	□技术创新能力	□资本实力	□其他

图 4-6 某企业行业成功的关键要素（勾选项）

在这些要素中，有哪些是亟须中小企业重视的呢？我认为主要有数字化运营、用户运营和服务网点这 3 个要素，如图 4-7 所示。

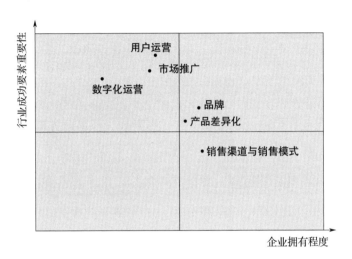

图 4-7　企业拥有程度和部分行业成功要素重要性的关系

数字化运营、用户运营和服务网点这 3 个要素，可能是大部分中小企业欠缺的，然而它们对企业的成功经营十分重要。中小企业应努力提高数字化运营、用户运营和服务网点的企业拥有度，提高其对企业成功经营的贡献率。

提高企业的数字化运营、用户运营的能力和服务网点的数量，需要企业花多长时间呢？一般而言，一家企业完成一项能力的改造或提升，通常需要 3 年左右。在 3 年内通过招聘人才、营造公司氛围、制定激励制度，能够有效提高企业的某一项能力。

我们可以对这个话题延展开来。1 个月就能成功的事，大家都会去做，并且对此乐此不疲，市场上的人往往会一哄而上；3个月才能成功的事，愿意做的人还是很多，但相对于做1个月就能成功的事，人少了一半以上；1年之内才能成功的事，能去做的人已经不多了；需要3年才能盈利的事，会做的人就更少了；做一项需要5年才能盈利的规划，几乎不会有人去竞争。如果做一件要5~10年才能成功的事，那就一定要对这个行业的底层发展逻辑有非常透彻的理解。首先，准确地找到这个行业发展的底层逻辑，然后不断地去积累这方面的知识。事实上，能坚持用5~10年做成功一件事的企业屈指可数。如果经营者拥有这样的耐心去规划、执行，企业做大做强，水到渠成。

4.3 客户因素：识别客户的差异化需求

在对企业经营复盘的过程中，除了常见的宏观环境、行业布局外，客户也是不可忽视的一个重要因素。本节我们通过对客户进行分类、对客户价值与企业竞争力进行匹配性分析，来对客户群体进行复盘。

明晰客户类别和辨别优质客户

对企业客户群体进行分类的一般方法：按类别确定各类客户的特征；再结合行业的特点，匹配相关产品；接下来，通过调查了解客户是否会选择自己企业的产品及给出相应的理由。若我们想对客户群体进行细分，有何种方法或技巧呢？这里我给出一个客户细分的方法：将客户按照 C 端客户和 B 端客户进行分类。由于 C 端客户（个人客户）和 B 端客户（企业客户）在一些价值需求上有所不同，他们的分类统计标准也有所区别，如图 4-8 所示。

图 4-8　C 端客户和 B 端客户的细分标准

我们依旧以博商为例。博商根据客户特征和需求的特点等，对客户进行了 4 个类别的划分，如表 4-8 所示。通过这样的分类，博商在设计课程时，就可以依据客户需求和特点，安排不同的客户学习不同课程，使客户"各取所需"。

表 4-8　博商的客户分类情况

客户类别	客户的特征	客户需求的特点	匹配产品需求的特征	为什么买课程	为什么不买课程
资源获取型	相信资源是企业第一生产力	扩充人脉，能整合资源	社群活动、整合资源活动	博商学员资源池规模大	不够高端
全面提升型	公司正处在发展期	提升其对企业的整体驾驭能力	课程要系统实用	博商课程系统落地	时间不够

（续）

客户类别	客户的特征	客户需求的特点	匹配产品需求的特征	为什么买课程	为什么不买课程
痛点解决型	发展遇到瓶颈	希望通过学习解决发展瓶颈	课程针对性要强	老师专业	不够解渴
生活方式型	管理压力不大，对学习期望不高	不要太累，好玩，有收获	组织班级活动	人群有过滤	不够好玩

在对客户群体分类之后，第二步是要选出优质客户群。

甄选核心的客户群

企业的成败除了依赖自身经营外，还需要大量优质的客户群体。现实经验告诉企业经营者，大量劣质客户群体不仅影响公司发展，甚至可以直接导致企业破产。那么，要如何甄选核心的客户群呢？我们可以通过客户价值与企业竞争力匹配性分析来进行。

客户价值与企业竞争力匹配性分析，也是企业进行客户分析的一个重要方面。这里我们引进客户选择的工具图表，如表4-9、图4-9所示。

表4-9　某3家企业的吸引力和竞争力评价

企业吸引力评价					
选择标准	描述	客户权重	1号企业	2号企业	3号企业
订单额度	订单大	20%	3	3	5
财务收益	利润高	50%	2	4	1
支付账期	付款快	30%	5	4	3
得分			3.1	3.8	2.4

（续）

企业吸引力评价					
选择标准	描述	客户权重	1号企业	2号企业	3号企业
质量	质量好	30%	3	4	4
交期	交期短	10%	1	3	5
服务	服务佳	60%	2	4	5
得分			2.2	3.9	4.7

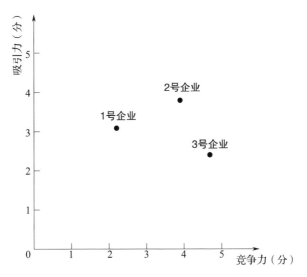

图 4-9 3 家企业吸引力和竞争力关系的分布情况

表 4-9 是基于客户选择的某 3 家企业吸引力和竞争力评价情况。

在企业吸引力方面，主要考虑的标准可以概括为订单多、利润高、付款快。根据实际情况，1、2、3 号企业依次的平均得分为 3.1、3.8、2.4。

在企业竞争力方面，主要考虑的标准概括为质量好、交期短、服务佳。根据实际情况，1、2、3号企业依次的平均得分为2.2、3.9、4.7。

得出这3家企业的两类得分之后，我们将它们的综合得分以坐标轴的形式，在图4-9中体现出来。由此，我们综合企业吸引力和企业竞争力，得出第2家企业拥有更高的客户价值的结论。

当分析完客户价值与企业竞争力的匹配程度之后，经营者能将有限的资源和有限的产品，聚焦在最重要的一类客户群体上。这是年度经营计划当中十分重要的内容。

满足核心客户群的需求

在明晰不同客户类别、选出核心客户群之后，我们需要根据不同客户满足其需求，满足核心客户群的需求。我们来举一个具体的例子来说明如何满足客户群的需求。

A企业是一家经营了20年的钢结构建筑企业。近年来，A企业业绩没有持续稳定地增长，于是企业经营者求助于专业咨询公司。专业咨询公司按照A企业客户所处的价值链层级，首先对客户群体进行分类分析，如表4-10所示。

表4-10　A企业基于客户所处价值链层级对客户群体的分类分析

客户类别	客户特征	客户需求
总包	行业龙头	订制化方案、增值服务、资源整合能力
承建	区域龙头	订制化方案、增值服务、资源整合能力
分包	功能或模块分包商	专业方案、快速响应
专业分包	细分领域专家	价格、质量、交期、EHS合规

A 企业的客户群体总共有 4 类：

第 1 类是建筑总包客户，比如"中铁""中建"等实力雄厚的建筑企业，它们往往可以比较高效地拿到建筑项目，成为总包公司。

第 2 类是分包客户，总包公司拿到项目后，往往会将不同的承建部分委派给不同的分包公司，并要求分包公司拟订定制化的方案，此时钢结构企业就会在分包公司的要求下做好定制化方案并帮助其做好整合供应链和施工单位的工作，同时提供其他增值服务。

第 3 类是承建公司，这类工程单位一般是在比较小的区域甚至是农村地区，当然它们对服务内容或建筑材料等方面也是要求定制的，此时 A 企业也可以为这类公司提供服务。

第 4 类是专业分包商。其实普通的分包商也能为总包公司提供服务，但总包公司在需要某种特殊产品时，非常希望这类产品能快速生产出来，此时一般会找专业的分包商。当然，分包商也可以将这部分业务交给像 A 企业的这类建筑企业，只要所需要的生产构件价格低、质量好、交货快、合法合规就可以。

为了解决 A 企业所面临的困境，咨询公司首先将上述 4 类客户按贡献资金、产生的利润、订单大小、回款周期以及对自身企业的吸引力进行综合评价，然后再根据结论确定这家公司的优质客户。结果显示：央企、国企等是最优质的客户群体。原因有 3 个：①需求量大；②这些总包公司所能分享的利润相对较高；③即使某些央企、国企会存在一定程度的压款现象，但其整体的回款有保障。对于 A 企业而言，只要资质优越，可以满足投标时相关客户公司的调查和评估条件，毫无疑问，该公司从总包公司取得业务是最划算和最具优势的。

那对于 A 企业而言，最不划算的客户是哪一类呢？分包机构利润较低且回款比不确定；承建方利润很少但订单会比较多；而专业分包商毛利空间比较大，同时企业回款速度会比较快，算是较为优质的客户。总体而言，对 A 企业来说，最不划算的客户是分包商。

综合上面的客户分析结果，A 企业客户群体的优劣性一目了然，其顺序按优质度依次为总包公司、专业分包商、承建商、分包机构。结合客户结构和 A 企业自身的特点，咨询公司就给 A 企业提供了两点建议。

（1）改变营销策略，将客户对象的重点放在总包公司上。聚焦大客户，做到有的放矢，改变企业当前的发展困境。

（2）根据企业自身特点，提高企业的生产水平，并且根据年度销售结果及时调整客户类别。首先就是优化企业员工结构，去弱扶强。在此基础上再考虑在企业内部推行"阿米巴模式"，即把企业内部分成很多个小单元，对于每个小单元所接到的项目以及取得的收益进行单独核算。另外，由于 A 企业具有超过20 年的生产历史，作为最基础的硬件配置，其企业园区内部是有一个系统的钢结构加工基地的。这样可以加快配合专业分包公司的承建速度。

上述例子阐明了客户需求分析对企业经营的重要性。作为企业经营者，要想变革企业经营中难以管理的部分，有必要对企业的客户进行细化分类和综合分析，找出优质客户，淘汰劣质客户。成功的经营者必然有良好的客户分类习惯，并可以针对其中的优质客户制定专门的营销策略。

通过客户复盘，经营者可以知道，在未来 5 年，应该为哪些类别的客户服务，明白他们需要什么样的产品，他们能在哪里购买产品，他们需要的产品应该具备什么特点等，从而为企业的生产和研发提供正向的动机。

4.4 同行竞争因素：比对友商的市场优势

经营者如果只会埋头苦干，却对竞争对手一无所知，终将陷入经营误区。体察行业竞争者的经营状态，是现代经营者必须要重视的方面。在本节中，我们来认识什么是友商，并通过分析友商的价值链来挖掘可借鉴的市场优势。

友商 3 要素：同区域、同客户、同性价比

现代企业给自己的竞争对手取了一个名字：友商。这是一个有敬语色彩的称呼。实际上，市场的竞争对手对经营者而言，既是竞争者，也是值得学习的对象。这就是我们为什么要拿自己和友商作比较的原因。企业如果不放眼同行，不去了解同行的实力，只会闭门造车，那最终的结果是做出的产品无人问津，成为被时代抛弃的企业。

既然如此，经营者应该如何了解友商？又该如何选择友商作为对标的对象呢？真正的友商一般会满足以下 3 个条件，如

表 4-11 所示。

表 4-11　成为友商的 3 个条件

序号	成为友商的条件
1	在同一个行业或区域
2	拥有同一批客户
3	产品价格在同一水平线上

概括来说，在同一个区域，给同一群客户提供价格相当的产品的企业群体，都可以称为友商。比如，小米跟苹果是友商，可口可乐跟娃哈哈也是友商，尽管它们生产的产品不一样，但是销售区域一样，客户群体一样，产品的功能也一样——用来解渴的饮料。

友商优势及动向的借鉴

正所谓"知己知彼，百战不殆"，经营者需要把自己面对的所有友商名单全部列出来，分析这些友商分别提供什么类型的产品，有哪些核心客户群，有哪些优势和最新动态。通过这样的方式，企业经营者可以迅速了解友商的信息。表 4-12 是博商友商情况的分析。

表 4-12　博商友商情况的分析

序号	友商名称	核心产品	核心客户群	受客户青睐的优势	最值得关注的动向
1	小鹅通	知识付费学习平台	6.6 亿在线用户	平台稳定	分销、直播、交付；学习数据的跟踪

（续）

序号	友商名称	核心产品	核心客户群	受客户青睐的优势	最值得关注的动向
2	行动教育	盈利模式、校长汇	全国各类企业	课程短小精悍；产品设计、服务	一年有 7.3 亿元营收；估值约 50 亿元
3	UMU	学习工具	—	课程设计与互动评价融为一体	在 2021 年获得五源资本亿元级别的 C2 轮融资
4	云学堂	2B 在线学习平台	中小企业	SaaS 模式；"平台+内容"	在 2020 年获得 1 亿美元的 D 轮融资

在研究友商时，经营者要注意两个要点：

（1）比对友商的产品的内涵。一款产品的内涵能够折射出经营者本身的品质和精神。比如，手机品牌 iQOO 的产品内涵是"生而强悍，探索不止"，realme（真我）手机的产品内涵是"敢越级"等。

从经营者自身的角度来看，他所展示的产品在自己眼里可能是完美无缺的。如果把他的产品放到市场上，与友商的产品进行对比，我们就能对二者的优缺点有直观感受；如果友商的产品恰好是行业顶尖水平，而自己的产品平平无奇，那么差距就会立马显现。我们在设计产品时，要参考友商的产品，去发掘它们的产品性能、特性与自身内涵的联系。

（2）为产品找到设计的整体方向。我认为，企业经营者不应该故步自封，要在研究友商产品的过程中找到灵感和可借鉴的价值，为自己的产品找到设计方向。有时候，经营者明明已经和同行相差了一大截，如果此时还不思进取，那结果只可能是差距越来越大，最坏的结果是你将错过最好的时代机遇。在研究友商的过程中不断复盘，才能不断超越自己，找到适合自己的路径。

研究友商也能够在实际经营中带来很多好处。我们来举一个例子。很多公司都会指派业务员到客户公司去推销产品，而客户公司的采购人员，是接触同行业的友商最多的人。采购人员都很精明，在下订单之前，会"货比三家"，之后就会与业务员砍价，10 元的材料硬生生要被砍成 9.8 元，虽然只低了 2 角钱，但公司的获利就会下降很多，使公司蒙受损失。此时，如果业务员对友商的产品非常了解，能够说出在同样的价格下，自己的产品除了和友商产品的功能相同，还有超越之处，把自己的产品的内涵和特色展示出来，就能赢得采购人员的信任，拿到这笔订单。

从价值链的角度比对友商

在研究友商时，经营者可以从价值链的角度进行分析对比。价值链就是一个集研发、生产、销售、管理、品牌营销于一体的链条。我们可以把所有环节中经营者需要处理的事情列出来，再对每个环节事情的重要程度做分析，了解客户想要哪些东西，再对比友商是如何处理的。

通过这种方式，经营者可以十分清晰地看出：友商提供怎样的产品和服务？客户为什么会买它的产品？友商对自身哪方面具有压力？友商在哪方面有优势？我们能在哪方面占据先机？表 4-13 是博商基于价值链与友商的对比分析。

表4-13 博商基于价值链与友商的对比分析

价值链	重要指数	客户价值主张	重要指数	A友商	B友商	产品型公司	高校	互联网培训	博商
产品研发与上市	5	良好的课程研发与设计	4	4	3	5	3	4	4
		新颖知识或资讯	4	5	3	3	3	5	3
		系统课程	4	3	3	2	3	2	4
销售	5	价格合理	4	4	4	4	4	5	3
师资选择	5	专家级教授	5	3	4	—	5	3	4
		成功的高管讲师	5	5	4	5	4	3	4
		网红级企业家	4	5	3	—	3	5	3
		职业背景丰富的讲师	4	3	3	5	3	5	4
产品实施与效果追踪	5	优异服务	4	3	4	5	2	2	4
		落地转换	4	2	3	3	2	2	4
		交通方便	3	2	4	2	3	5	4
社群管理	3	互动交流的设计	4	2	4	2	3	2	4
		有领导型企业	3	5	4	2	4	2	3
		学员类型多样化	3	4	3	2	3	2	3
学员价值再开发	5	避免反复骚扰	1	5	4	3	2	4	4
品牌与形象	5	有影响力的品牌	4	5	3	4	4	4	4
师资聘请与激励	5	合理配置师资	5	5	4	3	4	4	4
IT教学平台	3	优异服务	4	4	4	3	3	1	3
管理与教学方法论	5	课程研发	1	4	2	3	2	1	3

注：重要指数的取值范围为1～5。数值越大，重要程度越高。

从表 4-13 中我们可以看出以下内容。

（1）企业首先要对自身的价值链进行判断。博商从产品研发与上市、销售、师资选择、产品实施与效果追踪、社群管理、学员价值再开发、品牌与形象、师资聘请与激励、IT 教学平台、管理与教学方法论这些方面对自身价值链进行评价，得出重要性指标。

（2）企业要站在客户的角度，考虑客户所关心的价值，即客户的价值主张。比如，在产品研发与上市这一价值链上，客户会考虑课程研发与设计是否良好、知识及资讯是否新颖、课程是否系统等问题。要站在客户的角度，对这些指标进行评价。

（3）企业将友商或同类别的机构进行对比。博商将两家同为培训机构的竞争者（A 友商和 B 友商）、产品型公司、高校、互联网培训进行对比，各自的优势和弱势一目了然。在经营时也可以对症下药，快速找出症结，弥补短板。

通过上面的分析，我们了解了经营者应明白什么是友商，友商的优势在哪里，并通过做一个基于价值链对友商信息分析的表格，分析企业自身的具体问题。企业经营者在经营的过程中，要留意友商要素，做到明察秋毫，助力企业的发展。

4.5 自我检视：与业绩挂钩的 4 条金律

在本章前面几节，我们已经从宏观环境、行业布局、客户需求和友商的角度洞察了企业经营的市场要素。在本节中，我们主要从产品与收入的分析、企业的盈亏平衡点、资源能力分析、核心运营指标 4 个方面，对自身进行复盘，挖掘提高企业业绩的 4 条金律。

提高企业业绩的 4 条金律分别为：打造明星产品、找准盈亏平衡点、聚焦重要资源和能力、抓牢企业核心运营指标。

首先，我们从产品与收入的分析入手，探索提升企业业绩的第一条金律——打造明星产品。

打造明星产品

为什么经营者要进行产品与收入的分析？因为产品的收入直接影响企业的盈利。要了解企业产品的收入，经营者首先需要看产品毛利率和销量。

进行产品毛利率与销量分析时，我们可以用四象限法则，这是一种帮助我们系统性、全面性看问题的思维方法。通过四象限法则，我们可以清楚地分析企业的产品结构，对产品进行战略定位，找到企业的生存之道。这种思维逻辑方法往往能够看到我们平时容易忽略的问题。

图 4-10 是某服装企业产品销售数量和毛利率的关系。其产品丰度较高，品类齐全。通过图 4-10 中各类服装产品的分布，我们可以看出该服装企业的主要产品种类及它们各自的特点，最后将其产品归为 3 类，如表 4-14 所示。

通过上面的分析，我们可以看出：一家成熟的企业，其产品结构通常是完整的，生产的产品在毛利率与销量的四象限图中分布较为均匀。

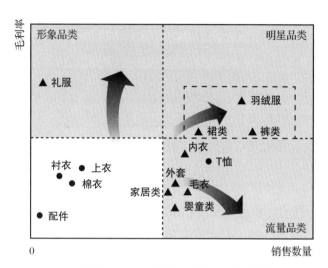

图 4-10　某服装企业产品的销售数量和毛利率的分布情况

表 4-14　某服装企业产品品类分析

该服装企业的主要产品种类	特点	归为何种品类
礼服	毛利率很高，销量十分有限	形象品类
羽绒服、裤类、裙类	销量、毛利率都较高，能够为企业创造大量收入	明星品类
T恤、毛衣、婴童类、内衣、外套等	销量突出，毛利率低	流量品类

那么，经营者应该如何分析产品的品类呢？这里我们引入产品结构金字塔分析工具，如图 4-11 所示。

企业的产品结构通常指企业生产的产品种类及它们之间的比例关系。在一般的产品结构规划中，企业会将产品分成三类，分别是引流产品、利润产品和形象产品，我们可以从它们的作用、特点上进行对比分析，如表 4-15 所示。

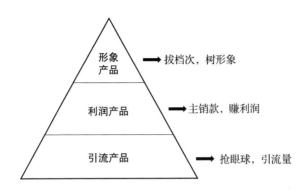

图 4-11　产品结构金字塔

表 4-15　企业产品结构分析

产品品类	形象产品	利润产品	引流产品
作用	拔高品牌形象，展示品牌能力，提高品牌档次	企业盈利的主要来源	吸引新的客户群体，同时从竞争者手中争夺现有的客户
特点	高品质、高价位、高利润；市场很窄，受众很少，不是企业利润的主要来源	高毛利、高销量	依靠高流量、高曝光量、高订货量维持产出；不是企业主要的利润来源
案例	华为 Mate X2 售价比华为 P 系列的普通款高出上万元，是"门面"产品；铁三角、漫步者高端款耳机售价可达几万元	小米数字系列手机，性能上优于红米系列，价格上低于小米 Mix 系列，销量是企业所有手机产品中最高的	"有书"在 2015 年只有 10 万个用户，推出了微信群共读计划这个引流工具后，"有书"用户数猛增至 2 000 万

　　一家经营完善的企业，其产品会均匀地分布在图 4-10 所示的各个象限中。如果一家企业所有的产品都出现在一个象限里，企业经营将承受极大的风险。为什么会存在这样的风险？我们

在第 4 章第 2 节中提到了产品的生命周期理论，任何一个产品都会经历导入期、成长期、饱和期（也称"成熟期"）和衰退期，如图 4-12 所示。产品的生命周期关系到产品在哪个阶段能够大量盈利。若要打造明星产品，则需要把握一个产品的饱和期阶段。具体应该如何打造明星产品呢？我列出了以下 3 种方法。

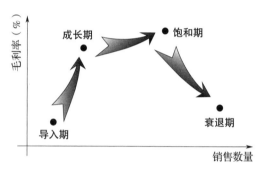

图 4-12　产品的生命周期理论

（1）制造"沉锚效应"，突出明星产品。

心理学中有一个"沉锚效应"（Anchoring effect），指的是人们在做决策的时候，会不自觉地给予最初得到的信息过多重视，最初得到的信息像锚一样制约着人们。比如我们在购房时，卖方提出每平方米为 3 万元，在我们不清楚附近楼盘每平方米只要 2 万元的情况下，我们就会围绕着 3 万元的价格与卖方讨价还价。

如何利用沉锚效应打造明星产品？我们要给不同品类产品"定好位"，配合打"游击战"，如图 4-13 所示。

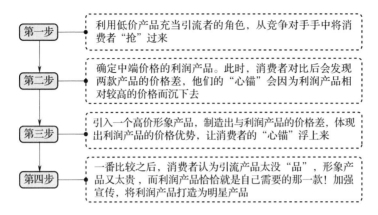

图 4-13　利用沉锚原理经营的方法

（2）多元化经营，留意"潜力股"。

如果企业的产品结构单一，当这个象限的产品都进入了衰退期，又没有成长期产品的出现，企业的收入将大大缩水。我国奶茶品牌某飘飘，其主要营收均来自冲泡奶茶业务。近年来受到奶茶市场消费趋势的影响，业绩下滑，前景堪忧。

如果一家企业拥有多元化的产品品类，使自身的产品处于产品生命周期的不同阶段，即使一个产品进入了衰退期，还有多款能够产生高额利润的产品在热销中，经营的风险也降低很多，如表 4-16 所示。

表 4-16　不同企业产品结构的说明

企业产品结构	说明
结构单一	某一阶段的利润很高，之后企业产品"青黄不接"，企业后续发展乏力，逐步被市场淘汰
结构多元	企业收入稳定，各品类产品处于不同阶段，产品"前赴后继"，企业续航能力增强，市场竞争力强

如何打造多元化经营策略呢？

其一，我们需要顺应市场，开拓新的业务和产品线。"终日乾乾，与时偕行。"对于市场，管理者要有理性的认知。

其二，留意产品线中的"潜力股"，将其打造成下一个明星产品。企业管理者要根据自身实际情况定位哪些产品具有市场前景，找准方向后将其打造为明星产品。

（3）打造明星产品稳定的供应链。

明星产品稳定的供应链是企业创收的保证。明星产品不像引流产品或形象产品，可以中断供货而迭代新的产品。一旦其中断供应，企业的盈利必将遭受重大损失。星巴克咖啡店的"星冰乐"能随时喝到，但是一些限定款饮品却会经常替换；奔驰 4S 店里永远不会缺少 GLC 系的车，但 GLB、GLE 系的车可能不是随时都有。

如何打造明星产品稳定的供应链？应该从供应链的各个环节入手，针对明星产品的特性进行打造，如图 4-14 所示。

图 4-14 打造明星产品稳定的供应链

"商界理想国"博商致力于企业经营培训,通过丰富的课程产品来实现社会价值和自我价值。通过产品毛利与销量四象限图,我们来看一看博商是如何打造明星产品的,如图 4-15 所示。

图 4-15　博商产品的销售数量和毛利率分布情况

我们可以发现,在销售数量与毛利率的四象限分布图中,毛利率较高的有领袖班、资本项目班和总裁班,毛利率相对较低的课程是运营效率咨询班、新商业班、线上班和新锐班等;而在所有课程当中,销售量较高的是总裁班、新锐班和线上班。

根据上面的分析理论,我们可以得到博商的产品分类情况,如表 4-17 所示。

表 4-17　博商产品结构分析表

项目	产品名称	优势	劣势
导流产品	线上班、新锐班	线上班流量大	内容粗糙,缺乏用户运营
利润产品	总裁班	特色明显,交付稳定,市场口碑好	利润产品数量太少

（续）

项目	产品名称	优势	劣势
形象产品	领袖班、资本班	—	产品的流量太少
外部合作产品	—	有较为稳定的外部合作人员	对外部合作人员依赖度高；产品之间缺乏协调；产品交付质量不稳定
产品结构	—	—	核心产品数量少，增长慢；腰部产品数量少，对外部依赖大；小型赢利产品数量多且杂，能成为明星的产品数量少

结合表4-17的博商产业结构分析，我们主要可以得到以下几个结论。

第一，总裁班拥有稳定的业绩收入，市场口碑良好，定位为主要的利润产品，为此博商在宣传策略方面也采用了与总裁班相结合的方式，如"专注实战总裁教育"等，继续扩大明星产品的市场优势。明星产品的缺陷是产品单一，能够创造的利润有限，为此需要开拓新的利润增长点。

第二，利用线上班、新锐班巨大的引流作用，让更多客户接触博商，进而有更深入需求的客户会参与博商其他课程的培训，实现价值链的打造和关联。

第三，领袖班和资本项目班毛利水平高，是博商的"高端定制"项目，可以提升博商的品牌力，吸引更多的优质企业参与。

第四，在整体的产品结构上，博商面临诸如核心产品单薄、盈利产品庞杂、能够培养的成长型产品不足等问题，需要根据实际制定出应对的方案。

图 4-15 中还有两个项目，即运营效率咨询班和新商业班。它们的毛利率水平偏低，销售数量也不高，那么，它们出现的意义是什么？

运营效率咨询班和新商业班是博商期待发展的新业务，属于导入期的产品，即一个陪伴企业成长和发展的产品。这些新业务的探索将确认其是否能够成为新的利润制造点，能否成为下一个明星产品。在探索的过程中，需要企业不断创新，不断迭代，这样才有可能创造出企业的长青产品。新业务的探索有利于企业发现自己新的长处，符合企业多元化经营的理念，为企业的复盘经营提供有效的实践方法。

以上是通过产品与收入分析得出的提升企业业绩的第一条金律。企业生存离不开利润的支持，而利润除了涉及收入，还要考虑产品的成本。接下来，我们通过复盘企业的成本结构，来探索提升企业业绩的第二条金律——找准盈亏平衡点。

找准盈亏平衡点

企业的经营成本高低关系到企业能否盈利。从宏观上看，企业的经营成本包括固定成本和变动成本。我们来看下面一个公式：

$$总成本 = 固定成本 + 变动成本$$

固定成本，指成本总额在一定时期和一定业务量范围内，不受业务量增减变动影响而能保持不变的成本，如设备成本、厂房费用、管理人员工资等。

变动成本，指那些成本的总发生额在相关范围内随着业务量的变动而呈线性变动的成本。例如，直接人工、直接材料都是典型的变动成本，在一定期间内它们的发生总额随着业务量的增减而成正比例变动，但单位产品的耗费则保持不变。有一个工具可以来统计企业经营的固定成本和变动成本，如表 4-18 所示。

表 4-18　企业经营的固定成本和变动成本工具

固定成本	金额（元）	变动成本	收入占比（%）
房租		外购材料	
办公费用		生产水电	
薪酬总额（不含提成 / 计件工资 / 奖金）		计件 / 奖励	
折旧费用		提成	
市场推广费用		物流等其他	
其他		税财务费用	
合计		合计	

如果我们想了解企业的固定成本、变动成本分别在哪些方面"超支"，哪些方面"盈余"，需要进一步做企业成本结构的横纵向对比分析。

（1）横向对比：把本企业的成本结构和友商的成本结构进行对比，从双方的产品成本、营销费用方面入手，查看自身在哪些方面成本投入过大，哪些方面比竞争对手的成本控制得更好，如表 4-19 所示。

表 4-19　与友商的成本结构对比项目一览

横向：与友商的对比	产品成本	直接材料	企业生产经营过程中实际消耗的原材料、辅助材料、备品配件、外购半成品、燃料、动力、包装物以及其他直接材料
		直接工资	直接从事产品生产人员的工资、福利费
		燃料动力	直接用于产品生产的各种燃料、动力费用
		制造费用	包括企业各个生产单位（分厂、车间）为组织和管理生产所发生的各种费用，主要有：生产单位管理人员工资、职工福利费、生产单位的固定资产折旧费、租入固定资产租赁费、修理费、机物料消耗、低值易耗品、取暖费、水电费、办公费、差旅费、运输费、保险费、设计制图费、试验检验费、劳动保护费、季节费、修理期间的停工损失费以及其他制造费用
	营销费用		媒介推广费、促销活动费、顾问合作费、地区销售奖金、销售工具制造费、现场管理费、临时设施费用、现场示范单位装修工程、现场包装及品质提升费用、物管前期介入顾问费

（2）纵向对比：企业要同自身历年的经营成本数据进行对比，如表 4-20 所示。

表 4-20　某企业历年经营成本数据的对比

单位：元

项目	2019 年度	2018 年度	2017 年度
一、营业收入	438 654 982.68	437 676 887.22	347 012 837.38
二、营业成本	106 507 709.44	115 850 566.72	95 370 929.58
税金及附加	2 709 926.85	2 822 993.29	2 110 727.69
销售费用	120 070 060.83	108 086 415.28	83 659 270.67
管理费用	74 345 526.52	73 418 143.43	65 351 881.07
研发费用	17 210 201.52	17 016 090.44	12 920 158.16
财务费用	-15 247 111.43	-12 547 595.07	-2 305 58.18

（续）

项目	2019 年度	2018 年度	2017 年度
其中：利息费用	—	—	—
利息收入	15 760 654.03	13 161 665.79	3 510 315.31
加：其他收益	7 938 734.05	5 487 938.71	3 773 614.08
投资收益（损失以"—"号填列）	2 146 778.75	347 336.59	423 944.20
其中：对联营企业和合营企业的投资收益	283 870.98	–150 535.43	–671 832.97
信用减值损失	–210 913.63	—	—
资产减值损失	–114 073.66	–3 704 893.99	8 916 476.64
三、营业利润	142 819 194.46	135 160 654.44	103 019 492.31

　　经营者厘清了经营成本的分类和组成之后，就可以对成本结构进行分析了。在分析成本结构时，经营者要计算好公司的盈亏平衡点。盈亏平衡点又称零利润点、保本点。

　　以盈亏平衡点为界，当销售收入高于盈亏平衡点时，企业盈利；反之，企业就亏损，如图 4-16 所示。

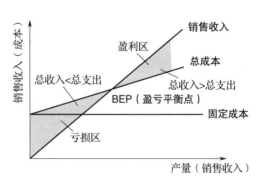

图 4-16　盈亏平衡点与销售收入的关系图

我们可以通过一个公式来理解盈亏平衡点：

收入 = 固定成本 + 变动成本

通常而言，企业的收入 = 成本 + 利润。如果企业没有利润，那么企业的所有收入就是其成本值，而成本又是固定成本与变动成本的总和，即收入 = 固定成本 + 变动成本。由此，我们可以从企业的固定成本和变动成本中去寻找企业的盈亏平衡点。

企业管理者可以根据公司的固定成本，如租金、折旧和管理人员工资，确定公司的盈亏平衡点和利润，然后再确定公司产品的销售价格，进行生产成本控制，最后确定目标销售量。由此也能清楚招多少员工。

人力成本在企业的成本结构中占相当一部分比例，服务型企业、劳动力密集型企业尤为如此。但是大部分企业都不太重视控制人力成本。特别是在销售型企业中，销售团队的人员成本其实占了不少，但销售团队该保持在什么规模，既不影响业绩的扩展，也不会造成过大的人员成本负担。首先我们要理解清楚团队和业绩之间的关系。

大部分人会认为有团队才能有业绩，但是根据销售团队领头羊总结的多年实践经验，领悟到有业绩才有团队。假设企业招揽了大量业务员，可是当中 80% 都没有产生业绩，这除了说明招来的大部分新人都不适合干销售，还会影响团队氛围。新人会觉得没有业绩的原因是公司业务太难做，或者公司在所处行业内缺乏实力。这样的氛围不仅不利于团队建设，也会影响公司的人员流动。

既然是有业绩才有团队，那么首先可以把销售团队里面没有业绩产出的人员精简掉，然后再招新的业务员进来。这样老员工会因为被公司认同留下而产生更大的信心，工作士气也会更足。而刚入门的新员工看到老员工都能做出业绩，对公司的项目也会产生信任感和信心。

如何管理销售团队，使其利润保持在盈亏平衡点以上呢？我们可以从以下 4 个方面寻找经营策略，如表 4-21 所示。

表 4-21　销售团队的 4 个管理策略

序号	策略	说明
1	无责任底薪与责任底薪制度相结合	招聘前三个月开出无责任底薪的优渥薪酬，自然可以吸引一大批人才到公司；第四个月开始实行责任底薪制度，并把底薪调到 3 000 元。前三个月的时间足够培养一个新人，并可以淘汰能力不足的人。因为调薪后，不能完成业绩的人拿着低薪酬是无法继续工作的，会自动离职
2	计算业务员的盈亏平衡点	许多公司千方百计地缩减员工薪酬，但薪酬激励是培养销售团队的一个重要环节，这部分不能省。如果不能节约人员成本，那就提高人员产出，增加业绩收入。把业务员自身能力当作一个盈亏平衡点，公司给员工支付的成本是固定的，我们可以算出员工要创造多大的业绩，才能使公司投入这个员工身上的成本不亏损
3	销售团队的分类管理	年底总结业绩时，把团队业绩分出等级：亏损线、保本线、盈利线。把员工的业绩对应去分析。亏损线以下的员工自然是需要淘汰的；保本线的员工需要给予鼓励，让他往上的层级加把劲；盈利线以上的员工就需要给予奖励和奖金，这样才能调动他们拼搏的热情
4	及时给企业"注入新鲜血液"	要时刻关注销售团队的人数变化，及时给团队补充新血液，需要纳入企业的 KPI 考核。年末团队人员清算时，如果团队的新鲜血液不足，在盈利线上的都是老员工，公司的收入难免受到过多牵制。万一有员工流失，会给公司的收入带来不小的影响。要及时用新人补充，在刺激老员工的同时，也可以分摊优秀员工的流失带来的风险

通过以上的策略分析，经营者对企业的成本结构和盈亏平衡点有了一个较为清晰的认知。接下来，我们来看提高企业业绩的第三条金律——聚焦重要资源和能力。

聚焦重要资源和能力

如果经营者想要聚焦企业的重要资源和能力，那么必须先了解企业的资源和能力分别有哪些。这时，我们需要做资源和能力的分析。

首先，经营者要明确一家企业的资源和能力分别包括哪些方面。表 4-22 是企业资源和能力的两种分类方法。

表 4-22　企业资源和能力的两种分类方法

项目	一般性分类	综合性分类
资源	①人力资源；②市场资源；③技术资源；④制度资源；⑤生产服务资源	①供应链；②特许经营权；③客户资源；④产品；⑤政府关系；⑥资金；⑦资本市场通道；⑧资质；⑨品牌；⑩信用；⑪知识产权；⑫数据；⑬流量；⑭资讯；⑮人才；⑯厂房；⑰设施
能力	①学习能力；②创新能力；③研发能力；④生产管理能力；⑤营销能力；⑥财务能力；⑦组织管理能力等	①创新速度；②技术领先；③学习能力；④外包管理；⑤全球管理；⑥伙伴联盟；⑦兼并整合；⑧渠道管理；⑨市场开拓；⑩优质服务；⑪柔性灵活；⑫快速交付；⑬协同共享；⑭低成本制造；⑮生产能力；⑯客户导向；⑰高品质产品

接下来，我们就对企业资源的一般性分类的 5 个方面进行具体展开，并分析这些资源需要如何匹配企业能力，如表 4-23 所示。

表 4-23　企业资源的一般性分类分析

序号	资源	具体展开
1	人力资源	①人力资源主要包括企业的管理团队、工作人员、协作伙伴，是企业资源的核心 ②人力资源最需要匹配的企业能力：创新能力（一是企业创新文化，二是创新方向，三是创新人才）；学习能力
2	市场资源	①市场资源是指市场中客观存在的可以为企业所用的竞争力、经营策略、企业关系等资源 ②常见的市场资源通常包括关系资源、杠杆资源、社会资源、历史文化资源、其他市场资源等类别 ③市场资源是企业资源中最考验企业管理者灵活度的资源类别 ④市场资源最需要匹配的企业能力是组织管理能力
3	技术资源	①狭义上，技术资源指产品的生产工艺、设备维修、财务管理、生产或经营中的管理技术；广义上，还包括企业市场活动中涉及的其他技术，比如信息收集、信息分析技术等 ②技术资源效力的发挥需要依托于企业的财力、物力 ③企业技术资源分析包括 3 个方面：企业的研究与开发、技术与市场信息、产品质量。其中，企业研究与开发分析包括科研经费占企业销售额的比例、新产品研发的相关内容；技术与市场信息分析包括环境信息、企业信息、企业内部信息；产品质量分析包括产品的合格率、成品率、质量及平均技术性能指标等 ④技术资源最需要匹配的企业能力是创新能力、研发能力、生产管理能力
4	制度资源	①制度资源主要是指公检法、工商、税务、消防、社保等制度性媒介，也包括银行等制度性资源 ②制度资源最需要匹配的企业能力是生产管理能力、组织管理能力
5	生产服务资源	①生产服务资源又称企业配套服务资源，是为企业正常生产经营提供保障性服务的资源 ②生产服务资源是一种关系资源，作用是在配套服务产业中采用更好的销售方式，将企业的优质产品销售给目标客户或终端消费者 ③制度资源最需要匹配的企业能力是营销能力、生产管理能力。例如，照明企业会有很多配套服务企业，比如物流、包装企业或者门店，它们彼此之间会建立战略互信的合作关系

在对企业的 5 项资源有了初步了解后，企业经营者可以如何操作，来实现企业利益最大化呢？

第一步，结合企业发展现状，通过对资源进行细化分析，找出其中最关键、最核心的 3 项具体资源。

第二步，从具体维度找出企业经营过程中最重要的 3 项企业能力。

第三步，从重要性、缺失程度、紧迫程度上对这些资源和能力进行评分，确定它们的优先级。

第四步，通过对资源和能力优先级的评判，制定适合发展的经营策略。

通过以上步骤的操作，我们相信，企业可以聚焦最重要的资源，发展最有价值的能力。表 4-24 是博商对自身重要资源、能力的分析评价。

表 4-24　博商对自身重要资源、能力的分析评价

序号	选择最重要的 3 项资源	重要性评分（1~5 分）	缺失程度（1~5 分）	紧迫性得分（重要性 × 缺失度）	优先度（1~3 级）
1	网红师资	5	4	20	1
2	实战管理专家	4	3	12	3
3	经营人才	5	3	15	2
序号	选择最重要的 3 项能力	重要性评分（1~5 分）	缺失程度（1~5 分）	紧迫性得分（重要性 × 缺失度）	优先度（1~3 级）
1	高品质产品	5	4	20	2
2	优质服务	4	3	12	3
3	创新速度	5	5	25	1

通常来说，企业资源的分析结果是相对稳定的。对企业发展而言，就要充分利用和及时补充关键性的资源。社会上有一种怪相，有些企业家明明知道对本企业而言什么是关键性资源，但就是不愿意采取行动去攫取，导致企业发展的短板一直存在。

总体而言，企业的持续、稳定发展离不开资源持续不断地输入和能力合理有效地使用。经营者首先需要知道对企业发展至关重要的资源类别，取长补短，将可以用来服务企业的资源予以好好经营，使企业业绩实现最大化的增长。

抓牢企业核心运营指标

决定一家企业经营好坏的指标不胜枚举，就如同看一个人的健康状况也有很多指标，但如果一个人血压、血脂、血糖正常，这个人生大病的概率就比较小。这个道理放到企业经营上也一样，衡量公司的运营是否正常，没必要"眉毛胡子一把抓"，只要抓牢几个核心运营指标即可。

公司要抓的核心运营指标是什么？是该抓销售还是抓利润？这些是结果指标，并非企业经营者的工作重点。凡事并非盖棺才能定论，经营者真正要抓的是过程指标。在具体的运营工作中，企业经营者如何挑选经营的过程指标呢？

以博商为例，我们来分析如何抓牢企业的核心运营指标。表 4-25 是博商核心运营指标的数据分析。下面我们对这 4 个核心运营指标进行具体分析。

表 4-25　博商核心运营指标的数据分析

核心运营指标	指标结果	行业平均值	变化情况
销售人均产值	80.48 万元	约 50 万元	较 2019 年有明显增长
班级平均人数	57 人	—	2019 年为 55 人
复购率	46.44%	—	较 2019 年的 52.68% 有下滑
2B 业务收入	10%	标杆 50%	较 2019 年增长 11.3%

第一个核心运营指标是销售人均产值。博商招生部门的员工特别多，一旦销售人均产值降低，就意味着挖掘生源的成本上升了，公司的利润自然会下降。

第二个核心运营指标是班级平均人数。博商一个标准的班级，学员人数在 60 人左右。如果一个班级的人数不够，也会对利润产生较大影响。比如，一个班级投入的成本几乎不变，但人数如果分别为 40 人和 60 人，那么后者所带来的收益肯定比前者多。班级人数越接近 60 人（超过 60 人会影响教学质量），公司毛利就会越高。

第三个核心运营指标是复购率。复购率和营销成本直接挂钩。如果想让一个没有接触过博商的学员报班，需要花费高额的营销成本。如果学员学习完整个课程之后，感到很满意，那么他极有可能再次购买博商的其他产品，或者推荐相关的朋友、同事报班。因此，对于博商而言，复购率也是一个不可忽视的指标。

第四个核心运营指标是 2B 业务收入。这也是博商一个新的核心运营指标。博商的目标是在服务企业经营者的同时，也能服务他们背后的企业，帮助经营者所在的企业做咨询。服务学员背后的企业，让企业的消费占比在总体的收入流水中增大，是博商需要努力的方向。

对于经营者而言，应该如何寻找企业的核心运营指标呢？

假设你是做制造加工的企业，好不容易买了一台 2 000 万元的设备，你肯定希望自己花重金买的设备全功率运转。因为设备运转得越多，制造的产品越多，收益也就越高。

倘若你的公司是一家重资产运营的公司，比如建筑工程公司、房地产公司或者金融型公司。对于这类公司来讲，资金周转率就显得特别重要。因为一旦资金运转不畅，企业流水减少，会给整个企业的运营带来严重后果。

核心运营指标的选择与企业类型紧密相关，不同类型的企业应抓牢的核心运营指标不尽相同。表 4-26 是各类企业应关注的核心运营指标。

表 4-26　各类企业的核心运营指标分析

企业类型	核心运营指标
销售型企业	人均产值等
获客攫取型企业	获客转化率等
设备投入型企业	设备闲置率、设备空置率等
营销型企业	客户复购率等
外购件型企业	外购件成本等
资产运营类企业	资金周转率等

我们具体举几个例子。做 LED 显示屏加工公司的主要成本是购买 LED 显示屏背后的模组，因此企业应该把经营重点放在减少模组的损耗上。一个模组从买回来到做成成品，中间损耗得越少，公司成本降低得越多，收入就越可观。再比如，贸易

企业的工作内容是把买来的产品再卖出去，赚取中间差价。对这类企业而言，周转率就是至关重要的指标。像餐饮企业，翻台率、客单价就是经营者需要重点关注的问题。

要判断公司经营状况，经营者首先需要在繁杂的公司数据指标中挑选出最重要的 3 个，最多不要超过 4 个，然后将这几个指标与同行业进行对比，与去年的同期进行对比，以此判断公司的经营状况是好是坏。做完这些分析之后，再进行汇总，厘清企业今年的经营情况，进行复盘：哪些地方做得好，哪些地方做得不好；哪些员工需要表扬，哪些需要批评；明年如何改进；等等。这就是助力企业业绩增长的第四个指标——抓牢企业核心运营指标的内容。

复盘经营计划四

企业内外部经营环境如何？

通过这一章的学习，您是否对企业的外部经营环境有了一个清晰明了的认识呢？请根据本章的知识，针对您企业自身的经营状况，对经营环境及自身进行复盘。

1. 宏观因素

请您分别从政治、经济、社会、技术 4 个方面，思考自身企业的宏观环境，并从对企业的影响方面进行叙述和评价，填入表 4-27 中。

表 4-27　"PEST 分析法"工具

分析要素	具体情况或趋势	对企业的具体影响	影响结果	影响类别	强弱程度（0-10分）
政治					
经济					
社会					
技术					

2. 行业因素

（1）请您从表 4-28 给出的 8 个行业要素方面，分析您的企业所在行业的特征及变化趋势，并分别思考其面临的机会和挑战，将复盘的内容填入表 4-28 中。

表 4-28　行业要素分析工具

行业要素	特征及变化趋势	机会	挑战
国内外行业发展趋势			
市场增长与容量			
行业价值链分析			
行业盈利水平变化			
行业竞争格局			

（续）

行业要素	特征及变化趋势	机会	挑战
行业新模式和新技术			
行业区域分布			
国家和区域的产业政策			

（2）行业机会和关键成功要素分析：请您回顾企业所在的行业背景，并完成表 4-29 中的问题。

表 4-29　行业机会与关键成功要素分析工具

序号	问题	您的思考与回答
1	您公司所处的行业值不值得做？理由是什么？	□值得　□不值得 理由：
2	行业内哪个细分市场对公司最具吸引力？为什么？	
3	公司过去成功经营依靠的要素是什么？（勾选）	□创业激情　□辛勤拼搏　□创业团队 □特殊关系　□特有资源　□特殊机遇 □特有技术　□其他
4	未来的行业竞争点是什么？（勾选）	□品牌　□销售渠道　□销售模式 □市场推广　□用户运营　□服务网点产能 □成本优势　□物流与供应链　□人才 □技术创新能力　□产品和服务差异化 □政府关系　□资本实力　□其他

3. 客户因素

请您根据一个客户分类标准，对企业客户进行分类，并归纳出客户的特征、需求和匹配产品需要的特征，将复盘内容填入表 4-30 中。

表 4-30 客户复盘工具

客户类别	客户的特征	客户需求的特点	匹配产品需求的特征

4. 同行竞争因素

请您思考：企业的友商有哪些？它们的核心产品、核心客户群、优势及动向分别是什么？将复盘的内容填入表 4-31 中。

表 4-31 友商复盘工具

友商名称	核心产品	核心客户群	受客户青睐的优势	最值得关注的动向

5. 自我检视

（1）请您为自己企业的产品做一个分类，并分析它们的优势和劣势，将内容填入表 4-32 中。

表 4-32　产品结构分析工具

项目	产品名称	优势	劣势
导流产品			
利润产品			
形象产品			
其他品类产品			
产品结构	—		

（2）作为经营者，请您将企业的固定成本和变动成本做一个统计，将得出的数据填入表 4-33，并思考在哪些方面可以降低企业的经营成本。

表 4-33　企业经营的固定成本和变动成本工具

固定成本	金额（元）	变动成本	收入占比（%）
房租		外购材料	
办公费用		生产水电	
薪酬总额（不含提成 / 计件工资 / 奖金）		计件 / 奖励	
折旧费用		提成	
市场推广费用		物流	
其他		税财务费用	
合计		合计	

（3）请您思考企业最重要的 3 种资源和能力，并对其重要性、缺失程度、紧迫性打分，最后按 1、2、3 的级别做一个优先度的评级。请将您的复盘内容填入表 4-34 中。

表 4-34　重要资源、能力的分析评价工具

序号	选择企业最重要的 3 种资源	重要性评分（1~5分）	缺失程度（1~5分）	紧迫性得分（重要性 × 缺失程度）	优先度（1~3级）
1					
2					
3					
序号	选择企业最重要的 3 种能力	重要性评分（1~5分）	缺失程度（1~5分）	紧迫性得分（重要性 × 缺失程度）	优先度（1~3级）
1					
2					
3					

（4）请您选取三四个企业核心运营指标，并分析其经营结果、行业平均值和变化情况，将复盘内容填入表 4-35 中。

表 4-35　核心运营指标的数据工具

序号	核心运营指标	今年指标结果	行业平均值	与去年相比的变化情况
1				
2				
3				
4				

第 **5** 章

重视企业经营的核心：经营战略

5.1 企业综合分析：SWOT 分析法

一个合格的企业经营者，需要复盘自身在经营过程中的优势与劣势；同时，也必须关注外部环境带来的机会与威胁。在本节中，我们将了解 SWOT 分析法，以及学习如何利用这种方法摸清企业的经营状况。

基于 SWOT 分析法的矩阵

在企业的经营过程中，有一个分析工具常为经营者所使用，它就是 SWOT 分析法。SWOT 分析法是基于矩阵图思维的一种方法，它是从优势、劣势、机会、威胁 4 个方面来分析企业本身和经营环境的一种方法。其中，S（Strengths）是优势、W（Weaknesses）是劣势、O（Opportunities）是机会、T（Threats）是威胁。

图 5-1 是基于 SWOT 分析法的矩阵。矩阵图的纵轴左右两侧分别为内部因子和外部因子，图中的横轴上下两侧分别为积极因子和消极因子，横轴和纵轴交叉形成的 4 个象

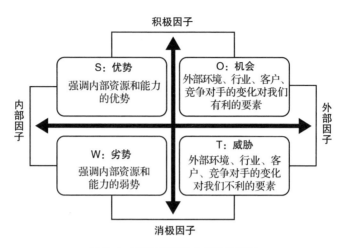

图 5-1　基于 SWOT 分析法的矩阵

限组成了 SWOT 矩阵。SWOT 矩阵使企业经营的优劣势及面临的机会和挑战可视化，能够让企业经营者对企业自身和经营环境一目了然。

如何利用 SWOT 分析法摸清经营状况

SWOT 分析法为企业经营的客观条件提供了一个具体的模型。企业经营者应如何将其与企业的实际经营情况相结合呢？我认为主要有以下思路，如图 5-2 所示。

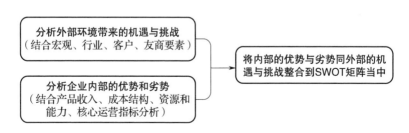

图 5-2　利用 SWOT 分析法分析企业经营的思路

首先，分析外部环境带来的机遇与挑战。从当前的宏观环境、行业环境、客户需求和友商这 4 个方面，分析有哪些方面对企业经营有利，有哪些方面对企业的经营造成威胁。这样的分析能让经营者快速熟悉企业所处的市场大环境，做到依时而动，顺势而为。

其次，就企业内部而言，企业经营者应该对本企业的产品结构有总体了解，在此基础上，进一步分析本企业产品、服务的优势和劣势，比如我们可以在经营成本、资源能力、核心运营指标方面，分析企业的优势、劣势。

最后，将内部的优势与劣势同外部的机遇与挑战整合到 SWOT 矩阵当中。将 4 类条目依照矩阵形式排列，用系统分析的思想把各种因素相互匹配起来分析，从中得出具体可视化的结论。

这样的综合分析法将内外部因子相结合，将各要素匹配起来分析，得出的结论往往具有重要的决策价值。不仅能够帮助企业制定合理的发展规划，还能够制定针对竞争对手的策略。

图 5-3 是博商基于 SWOT 分析法的企业矩阵。从内部因子上来看，博商的企业优势有强大的品牌力、庞大的客户基数，以及稳定的合作关系等；而博商的企业劣势有产品衔接度较差，在新行业产品的学习方面缺乏研究，线上缺乏有效部署，外部师资薄弱等。

从外部因子上分析，博商的机遇有政府的扶持、线上线下融合的趋势，以及行业趋势下的理性化转变；而威胁主要有人力成本偏高，行业洗牌导致客户群体缩水，技术革新带给经营方式的改变，以及由于对以 80 后、90 后为主体的学习人群的新技术行业了解甚少，导致可能会丧失一部分庞大客户群（这是一个重大威胁），等等。

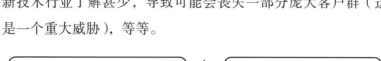

S

S1：线上产品引流，积累短视频运营能力，积累网红师资资源，逐步形成多渠道的获客路径
S2：总裁班等单品优势加剧，交付稳定、市场口碑好
S3：基本形成对学员系统服务的产品结构
S4：在深圳、长沙、佛山、上海、东莞、苏州已经形成品牌势能；有望继续保持高增长
S5：线上赋能提升销售效率，加快开班速度，提升财务绩效

O

O1：行业发展利好，市场需求增大
O2：行业类培训产品的机会增加
O3：线上产品的需求增加
O4：短视频成为培训机构的主战场
O5：资本推动行业门槛及行业集中度提高

W

W1：抖音平台收入占比超过86%
W2：私域运营的产品进展缓慢
W3：自有利润型产品太少、自有师资缺乏、对外部师资依赖度大
W4：产品之间缺乏一致性逻辑
W5：在杭州、广州、重庆、成都、北京与当地老品牌竞争没有优势
W6：新产品缺乏转换场景，流量少、营收少
W7：内部协同共享能力有待建设
W8：短视频内容收入增长放缓；内容有潜在违规风险

T

T1：企业利润下降、学习支出减少，增加销售难度
T2：行业需求的洞察和资源的整合
T3：增加迎合监管的成本支出，给经营造成一定的不确定性
T4：品牌和交付模式符合年轻人调性
T5：线上机构蚕食传统线下机构的市场
T6：找到独特的品牌定位，进入客户的心智预选品牌

图 5-3　博商基于 SWOT 分析法的企业矩阵

将博商的内部优势与劣势、外部机遇与挑战整合到 SWOT 矩阵当中，博商管理层能够对企业所处的情境进行全面、系统、准确的分析，为未来制定可靠的经营规划提供保障。

通过 SWOT 分析法，将企业内部因子和外部因子，积极因子和消极因子都整合到 SWOT 矩阵中，经营者可以做到知己知彼，对自身和整体经营环境都有全面的认知，在制订年度经营计划时也会更加清晰。

5.2 认清形势：制定 TOWS 组合策略

在上一节，我们了解了什么是 SWOT 分析法。SWOT 分析法是基于矩阵图思维的一种方法。在本节中，我们通过优势、劣势、机会、威胁的组合，结合企业的具体情况，帮助经营者制定 TOWS 组合策略，确立企业的战略意图。

TOWS 组合策略的 4 种分类

我们在上一节中对公司的优势和劣势、机会和威胁进行了识别和分析，那么经营者应该如何运用分析结果来制定有效的经营策略呢？这里我们需要引入一个工具——TOWS 组合策略工具表，如表 5-1 所示。

表 5-1 TOWS 组合策略工具

TOWS 组合策略	优势（S）	劣势（W）
机会（O）	SO 战略 发挥优势，利用机会	WO 战略 利用机会，弥补劣势
威胁（T）	ST 战略 利用优势，回避威胁	WT 战略 减少劣势，回避威胁

表 5-2 博商的 TOWS 组合策略分析

TOWS 组合策略	优势（S） S1: 积累短视频运营能力，积累网红师资，形成多渠道的获客路径 S2: 总裁班等单品优势扩大，交付稳定，市场口碑好 S3: 基本成对学员系统服务的产品结构 S4: 在深圳、上海等城市已形成品牌势能，保持高增长 S5: 线上赋能提升销售效率，加快开班速度，提升财务绩效	劣势（W） W1: 抖音平台收入占比超过 86% W2: 短视频内容增长放缓，私域运营的产品进展缓慢 W3: 自有利润型产品和师资太少，外部师资依赖度大，产品缺乏一致性逻辑，新产品缺乏转换场景、流量少、营收少 W4: 与杭州、北京等区域品牌竞争没有优势 W5: 内部协同共享能力有待建设 W6: 缺乏高成长垂直行业的深度洞察利服务资源
机会（O） O1: 行业发展利好、市场需求增大	SO 战略（发挥优势、利用机会） S1O3: 强化线上获客与产品交付能力	WO 战略（利用机会、弥补劣势） W1O1, W1O3: 多平台策略

O2: 行业类培训产品的机会增加 O3: 线上产品的需求增加，短视频成为培训市场的主战场 O4: 资本推动行业门槛及行业集中度提高	S4O1, S1O3: 以线上赋能巩固优势区域的品牌势能 S1O4, S3O4: 扩大引流，深度转换	W2O3: 私域流量运营 W6O4: 聚焦垂直行业，积累资源，形成优势 W5O3, W6O4: 线上赋能线下、数字化运营 W3O1: 培养自有师资
威胁（T）： T1: 企业利润下降，学习支出减少，增加销售难度 T2: 行业需求的洞察和资源的整合 T3: 市场监管加强导致增加成本支出和经营的不确定性 T4: 品牌和交付模式符合年轻人调性，进入心智预选品牌 T5: 线上机构蚕食传统线下机构的市场	ST 战略（利用优势，回避威胁）： S1T1, S1T4, S5T1: 强化线上获客能力，赋能线下 S4T4: 品牌形象升级，交付模式再设计 S4T1, S4T3: 强化优势区域的公关，成为政府推荐机构 S3T1: 进行私域流量运营	WT 战略（减少劣势，回避威胁）： W6T2: 聚焦垂直行业，积累资源，形成优势 W4T5: 线上赋能线下机构，形成品牌势能

在表 5-1 中，分别将 SWOT 矩阵中企业的优势、劣势、机会、威胁填入表中对应的区域内。通过观察、思考这 4 个要素，可以得出 4 个重要的组合策略：SO 战略（发挥优势，利用机会）；WO 战略（利用机会，弥补劣势）；ST 战略（利用优势，回避威胁）；WT 战略（减少劣势，回避威胁）。接下来，我们就对这 4 个组合策略进行具体讨论。

（1）SO 战略：是一种积极进攻的策略。发挥企业优势，利用唾手可得的机会，以机会与优势组合来扩大成果。

（2）WO 战略：抓牢机会，弥补企业自身的不足和短板，使企业的弱点得到改进。

（3）ST 战略：是一种差异化的经营策略，是优势和威胁的组合，利用企业的各类优势规避企业可能面临的威胁。

（4）WT 战略：是一种审慎的防守策略，是威胁与劣势的组合。在企业不擅长的领域，面临诸多威胁，又毫无优势，应"痛定思痛"，积极找出应对的措施，在必要的情况下要及时止损，减少投入，甚至关停不必要的业务。

表 5-2 所示是博商的 TOWS 组合策略分析。博商通过 TOWS 组合策略分析，明确了自身应如何利用优势、规避劣势，应对教育培训行业的机会和威胁。

企业在制定 TOWS 组合策略时，要进行重点分析，具体方法是在策略表中标注重点，比如按对企业的威胁程度进行打分，分数高的事件重点标记，等等。这样做可以让标记的部分变成企业需要采取的最优经营策略，使企业的经营策略能一目了然。

利用 TOWS 组合策略确立经营战略意图

TOWS 组合策略的得出，既是基于对公司外部环境的分析，也是对公司自身进行审视的结果。通过 TOWS 组合策略的研究，经营者对确立企业的经营方向有了较为明确的认知。接下来，我们要如何将经营方向具体运用到年度经营计划当中去呢？此时，企业需要通过内部讨论，把经营定位为 5 个战略层面，如表 5-3 所示。

表 5-3　博商经营的 5 个战略层面

序号	战略层面	项目	具体的经营方向
1	产业价值链	—	自有师资培养
2	业务战略	客户	—
		区域	做强优势区域，短视频的多平台发展
		产品	进入垂直行业
3	决策程序	愿景、使命、价值观	—
		战略目标	3 年内成为中国商界精英成长的 OMO 平台
		调整组织结构	提升治理水平，形成赋能型后台
4	职能战略	职能战略	品牌去线下化、去老年化、去区域化
5	核心能力建设	核心能力建设	基于线上线下融合的数字化运营能力

在表 5-3 中，博商根据自身的 TOWS 组合策略分析，通过产业价值链、业务战略、决策程序、职能战略、核心能力建设等 5 个战略层面，将具体的经营方向规划了出来。根据这样的

经营方向，经营者就可以制定一个清晰的战略意图了。

什么是战略意图？战略意图与企业的战略目标类似，都是指企业经营计划中将要对未来的经营情况做的规划，但二者又不尽相同。企业对战略目标有着定量性的考虑，而战略意图更侧重宏观的企业规划是经营的"大方向"。

博商根据自身 5 个战略层面的具体经营方向，得出了以下 6 个方面的战略意图。这 6 个方面分别从模式、产品、区域、治理、供给和品牌上明确了博商的经营意图，其中最重要的目标是成为 OMO（线上线下融合）的商界精英成长平台，如图 5-4 所示。

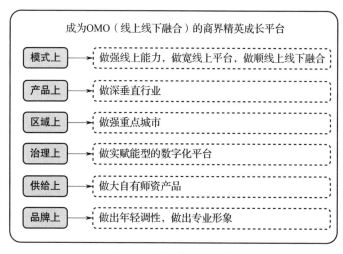

图 5-4　博商的战略意图

大家是否理解了这样的逻辑呢？我们不妨对以上所学做一个复盘，将制定企业战略意图的步骤用图表的形式回顾一下，如图 5-5 所示。

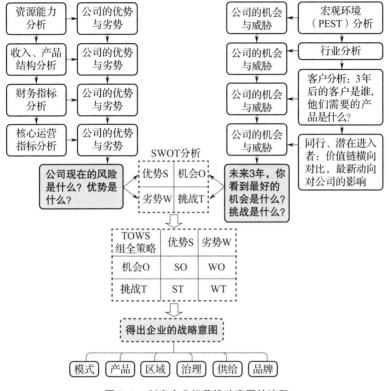

图 5-5　制定企业经营战略意图的流程

　　完成经营战略意图之后，经营者需要针对这些主题规划做战略设计。根据战略主题的规划，确定一系列量化指标，利用这些量化指标去制订年度经营计划的具体目标，使企业的年度经营计划更具准确性和实用性。

战略设计：愿景、使命、价值观

　　战略意图明确的是企业未来的规划方向。在实际的经营过程中，经营者需要将企业的战略意图与愿景、使命、价值观进行匹配，使企业的经营少些磕绊，更加顺畅。作为经营者，我们应该如何确立企业的愿景、使命、价值观呢？它们又在企业的经营战略中扮演哪些角色呢？

愿景、使命、价值观是"战略3步法"的3个要素，也是战略设计的重要一环，如表5-4所示。

表5-4 "战略3步法"的3个要素

序号	要素	具体描述
1	愿景	给您时间，您想把公司做成什么样子
2	使命	您做企业想给员工、行业、国家、社会创造什么价值
3	价值观	你想和一群什么样的人一起做这件事情

愿景、使命、价值观是确定企业战略目标的重要依据，是企业战略意图和战略目标的衔接。制定好企业的愿景、使命、价值观，有助于推动企业的成长。许多的行业巨擘在发展的初期都制定了合适的愿景、使命、价值观，帮助其不断发展壮大，如表5-5所示。

表5-5 我国知名企业的愿景、使命、价值观

企业名称	愿景	使命	价值观
阿里巴巴	成为一家活102年的好公司；到2036年，服务20亿消费者，创造1亿就业机会，帮助1 000万家中小企业盈利	让天下没有难做的生意	客户第一，员工第二，股东第三；因为信任，所以简单 唯一不变的是变化；今天最好的表现是明天最低的要求；此时此刻，非我莫属；认真生活，快乐工作
腾讯	用户为本，科技向善		正直、进取、协作、创造

（续）

企业名称	愿景	使命	价值观
网易	网聚人的力量，以科技创新缔造美好生活		为热爱全心投入；和用户在一起；从 0 到 1 是创新，从 1 到 1.1 也是
小米	让每个人都能享受科技的乐趣，和用户交朋友，做用户心中最酷的公司	始终坚持做"感动人心、价格厚道"的好产品	真诚、热爱

关于愿景、使命、价值观的学问，我国现代哲学家冯友兰先生有一个经典的"人生境界的四个等级"理论，即自然境界、功利境界、道德境界、天地境界。自然境界为顺着风俗或本能的做事逻辑；处于功利境界的人会为自身的名利而奋斗；道德境界将人的价值上升到利他主义之中，"正其义不谋其利"正是描述此类人格；天地境界则将人自身的使命与世界大趋势结合起来，是具有超越价值的境界。图 5-6 是冯友兰先生的"人生境界的四个等级"理论模型。

图 5-6　冯友兰先生的"人生境界的四个等级"理论模型

这个理论模型和我们所讲的愿景、使命、价值观有何联系呢？大部分人都停留在功利境界，换言之，企业员工的外在驱动力大多仰赖利益的多寡。如果我们能将这种思路与经营相结合，那么就应该明白企业的愿景、使命、价值观与个人的利益分配是挂钩的。

日本"经营之圣"稻盛和夫一直在思考的一个问题是，如何将个人的使命同企业的价值相结合。他创立的"阿米巴经营模式"，是通过把企业的结算单元划分到个人，使企业对战略目标所做的业绩能更好地通过每个人的结果呈现。通过分解企业愿景、使命和价值观，将其分配到每个员工，"阿米巴经营模式"让企业的经营行为拥有更强的动机，因此也更能产生符合预期的经营结果。

我们可以通过一个生动的故事说明调整企业的愿景、使命、价值观能够对企业经营产生的积极影响。

一位买家走进一家五金店，询问店员："你店里有钉子卖吗？"

店员回答说："没有。"然后这位买家离开了。

这位买家走进第二家店，又问了同样的问题，得到的依旧是相同的答案，买家失望地离开了。

买家走进第三家店问有没有钉子卖，店员还是给出了"没有"的回复。当买家正准备扭头离开时，店员问道："您要买钉子做什么用呢？"

客户说："我刚结婚，准备把婚纱照挂到新装修的婚房墙壁上，所以需要买钉子。"

店员想了一会儿，说："好不容易装修的新房子，却要拿钉子破坏墙面，多可惜呀！您不是想把婚纱照挂上去吗？不一定非得用钉子固定。我们店有一种尼龙扣，轻轻一扣就可以将婚纱照牢牢固定在墙面上，完全不会破坏墙面。不如您考虑一下买这款尼龙扣吧。"

听完店员的介绍，买家心想：这的确是一个不错的选择。于是放弃购买钉子，买了这个尼龙扣。

这个故事告诉我们，我们与其不停地去寻找"一颗钉子"来助力经营目标的实现，不如调整企业的愿景、使命、价值观，用"尼龙扣"代替"钉子"，反正都可以达到预期的经营效果，何乐而不为呢？

愿景、使命、价值观是对企业战略意图的校准。如果有多条道路摆在经营者面前，此时经营者就应该思考：哪些道路与企业的愿景、使命、价值观是相符合的？如果两者背道而驰，那对于企业今后的经营和发展将带来无法想象的阻碍，故而经营者在制定经营战略目标前，应该对企业的愿景、使命、价值观进行思考。

5.3　近景复盘：企业的 3 年战略目标

在本章的前面两节内容中，我们已经对企业的战略方向和战略意图有了一个清晰的认知。此时经营者最好的做法，就是沿着这样的战略意图，将企业今后 3 年的战略目标制定出来。在本节中，我们来学习如何制定企业的 3 年战略目标。

3 年战略目标制定及案例

战略目标就像是一座灯塔，指引着企业的发展方向和进程。如何制定企业的战略目标，则是企业在实施行动之前需要考虑的事情。经营者如果想制定出理想的战略目标，有效的方法是制定企业的 3 年战略目标；同时在制定目标之前，经营者应该结合企业现有的资源和意图，使目标不至于成为一张无法兑现的空头支票。我们可以首先考虑以下这些问题，如表 5-6 所示。

表 5-6　制定企业的 3 年战略目标之前应考虑的问题

问题	说明
1	这个行业 3~5 年后的发展趋势是什么
2	企业要在这个行业中扮演怎样的角色
3	如果想要在 3~5 年之后成为行业龙头，企业需要具备怎样的组织架构、产品、企业文化、企业资源等
4	企业现在拥有怎样的质素（需要对企业的未来和现状进行对比）
5	企业下一步的行动计划是什么（为了缩小问题 3 和问题 4 之间的差距而制订的企业年度计划）

对于以上问题，经营者必须在战略设计和愿景使命的方向上进行探讨。经营者如果对以上问题已经有了一个清楚的轮廓，就可以从以下方面来考虑未来 3 年企业的战略目标，如表 5-7 所示。

表 5-7　制定企业 3 年战略目标应该考虑的 6 个方面

序号	方面	说明
1	营业规模	希望 3 年后企业的营业收入能达到多少
2	区域分布	未来想在哪些区域上有所收获？例如，开发无人区，或者在原来业绩差的区域进行突破
3	收入结构	判断企业目前的收入结构是否合理。如果不合理，未来如何将其变得合理；如果合理，则如何进行优化
4	市场地位	在未来 3 年，企业的市场地位能达到何种程度
5	产业链定位	未来 3 年内，企业的产业链定位会不会改变？例如，企业现在是供应角色，未来 3 年可能变成一个品牌商；或者企业目前在做实体产品研发，未来 3 年可能变成帮其他公司制定综合解决方案的咨询公司
6	利润水平	包括整个企业的市值，考虑未来 3 年内企业能否上市，市值能达到多少

企业的 3 年战略目标，是根据所处行业环境和企业自身的经营状况来制定和实施的，并通过实施过程和结果进行实时评估，不断调整。随着市场竞争的不断加剧，企业的 3 年目标的期限也逐渐变短。

下面我们通过两个案例，来具体探讨如何制定企业的 3 年战略目标。

（1）案例一：该企业位于广东佛山，从事童装行业的电商运营，团队规模不大。该企业自拟的 3 年战略目标及分析，如表 5-8 所示。

（2）案例二：企业地处重庆城西，从事医美行业，主营业务是医疗美容渠道运营。该企业自拟的 3 年战略目标及分析，如表 5-9 所示。

表 5-8　某童装电商运营企业的 3 年战略目标及分析

序号	3 年战略目标	说明	分析
1	企业做出品牌	亚马逊平台讲究品牌运营，所以企业要做出自己的品牌。该企业主要是做童装销售。现阶段，比较好的童装品牌有卡特、GAP 等，希望企业在 3 年之后，能够做出一个和它们抗衡的品牌，能够让消费者信赖这个品牌	在短期内，打价格战的效果确实立竿见影，但不是长久策略。所以需要做成品牌，让消费者在想购买童装时，就能想到我们的品牌。被消费者优先选择，也能提高消费者的购买决策效率。进入国际市场，和一线品牌抗衡，总体方向正确。有了这个目标之后，应该考虑就是 3 年之后，这个自有品牌的收入应该占企业总收入的比例
2	全渠道运营	该企业在亚马逊、虾皮、速卖通这些平台运营，市面上能够进驻的平台都已经进驻了。但是，每个平台的商业模式都不同。希望企业 3 年之后，能够匹配各个平台的商业模式，在每个平台都能够实现盈利	海外电商离不开亚马逊这个平台，所以需要定一个指标，明确在亚马逊平台的收入要占比达到多少
3	提高研发能力，具备自有产品设计的能力	形成产品的主打优势，如设计能力，别人是偷不走的	目前服装产业竞争激烈，服装企业转型升级确实需要加强产品研发设计的能力。童装对面料、做工、细节处理等要求较高。此时，需要考虑核心产品要贡献多少比例的收入
4	申请 10 个产品专利	希望 3 年后，企业能够至少拥有 10 个品牌专利	这个专利是指面料还是设计，需要具体化、可量化。最重要的一点就是可量化。在定下目标之后，一定要将目标量化、具体化。这样才能有效管理

表 5-9　某医疗美容渠道运营企业的 3 年战略目标及分析

序号	3 年战略目标	说明	分析
1	能够让 C 端客户占 30%	C 端是企业的主营渠道，提高 C 端顾客的销售量，能够让企业盈利达到一个峰值	医疗美容不再是明星、网红的专属消费，越来越多的普通人开始消费。某些身处一、二线城市的消费者，医疗美容消费已经变成了她们的日常支出。消费者对于"变美"的需求日益旺盛。消费者在医疗美容行业的话语权最高，产品在行业的话语权处于中等水平。所以公司越贴近消费者，所处位置就越主动。假设通过别人去售卖医美产品，利润肯定没有直接销售的利润大，更重要的是，企业对市场的敏感度会降低，对市场需求做出的反应会变慢，调整不够及时。这会导致企业的竞争力下降，产品迭代速度也会受到影响。所以让 C 端客户占 30%，是一个非常重要的策略
2	打造分院体系，提高集团品牌影响力	结合线上、线下的推广流程，做成随处可见的品牌	分院数量也需要明确，进行可量化管理
3	打造差异化	打造具有特色的差异化品牌，主打专科医院的脸部整形和年轻化面部管理	目前，医美行业产品同质化比较严重，整形医院随处可见。打造差异化，以此拓展客源，发挥出更大的产品价值
4	扩展新的渠道	比如，开发 100 家渠道商，确保 30% 的新渠道可以稳定经营	新开发 100 个渠道商，需要有 30 个是稳定的。这个目标很好，再补充一个建议，那就是要定一个明确的指标，用数值明确什么是稳定的渠道商。例如，每年通过渠道商收入 50 万元以上为稳定的渠道商，500 万元以上为极为稳定的渠道商等

（续）

序号	3年战略目标	说明	分析
5	3年人才培养计划	为各分院提供复合型人才	因为要发展新渠道，所以进行人才培养是必然的。另外，从当下医美行业的现状来看，培养人才也是迫在眉睫。根据2021年中国整形美容协会教育培训中心发布的《中国医美产业专业人才现状与需求报告》，从业者专业背景复杂，辅助性技术操作人员多无合法身份，超6成服务岗位人员为非医学背景；95%以上生活美容机构从事医美中介服务，从业者专业化程度亟待提升。所以，建立良性的人才培养计划，这个方向是值得肯定的。此外，建立好的人才培养模型，就要明确从招聘到培训需要向外输出多少人才

企业经营者对于3年战略目标的设想，应从以上这些方面入手，而不能天马行空地胡思乱想。此外，在制定3年经营目标的时候，经营者一定要考虑到目标的可量化。如果目标含混不清，就难以管理，只有将目标可量化，才能确保目标的高质量完成。

战略目标是一种从全局考虑实现企业目标的规划，是一种长远的、远大的目标。企业战略的终极目标是为了盈利，带着这个中心思想去设想，在制定3年战略目标时，就不会跑偏。

3年收入目标：核心业务、成长业务和新兴机会

收入是企业的粮食，不论经营的过程如何，收入才是最终目标。在制定3年战略目标时，收入目标是我们应该着重考虑

的要素。作为经营者，我们应该如何确定 3 年收入目标呢？

经营者可以通过判断企业的业务状况，来确定 3 年收入目标。通常一家企业都会拥有 3 类业务，即核心业务、成长业务和新兴机会，这 3 类业务的管理重点和指标也不同，如图 5-7 所示。

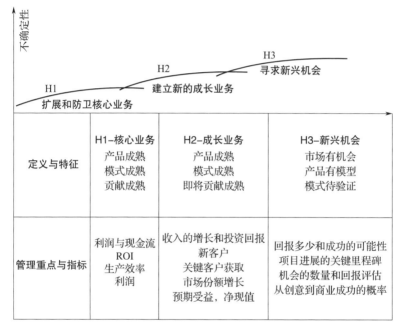

图 5-7 核心业务、成长业务和新兴机会的管理重点和指标

根据不同业务的管理重点和指标，我们在制定 3 年收入目标时，可以采取不同的策略。

首先，扩展和防卫核心业务，让其成为收入的支柱和稳定来源。其次，建立新的成长业务，使其成为企业新的收入增长点。最后，积极寻求新兴机会，创立可变的业务选项，可以成为企业未来收入增长的方向。

以上内容就是企业做好 3 年收入目标规划的要点。

5.4 远景复盘：估准企业的经营目标

在上一节中，我们了解了企业制定 3 年战略目标的重要性、要素和策略。事实上，不论是制定 3 年战略目标，还是制定短期或更长远的经营目标，都有一定的依据和逻辑可以遵循。对于企业经营者而言，应该如何去找准这些依据呢？本节我们就来学习这些内容。

5 种方式预估经营目标

预估经营目标的方法不胜枚举，而经营目标的制定旨在促进企业业绩增长。在实际的生产过程中，通常可以采取以下 5 种方法预估经营目标，如表 5-10 所示。

表 5-10　5 种预估经营目标的方法

序号	方法	说明
1	未来目标倒推	先确定长期目标，再倒推确定短期目标，即"先看远再看近"。这是一种在个人规划、企业规划方面都适用的方法，但可能出现因理想化而导致目标过高或高低的情况
2	客户、产品、区域测算	从产品维度、区域维度、客户维度等对经营目标进行测算评估。这种方式相对比较准确，即按照客户、产品或区域，对经营目标进行预估与评定。客户、产品、区域是促进公司增长的 3 个重要维度。从这 3 个维度入手制定目标，相对会更精确、更实事求是

（续）

序号	方法	说明
3	过去结果推算	在遇到新的"路口"时先回望过去，总结经验教训，再结合当下的实际情况，如宏观层面的市场经济情况、微观层面的企业经济情况等，确定经营目标
4	资源投入换算	对先前的资源投入及回报形式进行考察，再通过测算并进行相应的调整，确定最终经营目标
5	激励目标对赌	企业经营者拿奖金"对赌"。奖金是具象化的、可感的事物，不会让人有虚无缥缈之感。因此，这种方法能比前述 4 种方法更高效地激起员工的积极性，在企业想要积极调动员工时，不失为一种可参考的方法

企业经营目标与业绩直接挂钩。换言之，经营者应该通过企业业绩增长的维度去预估企业的经营目标。

用未来目标倒推法预估企业的经营目标，可以以 3 年为基准。经营者可以将 2024 年的目标作为基准，确定经营的几个阶段，每个阶段需有累积多少才能达成总目标，以此倒推出 2022 年的目标。此时领导者需要做的事情是捋清思路，做好部门间的沟通，为最终确定经营目标营造良好的氛围。这是一种通用的方法，但是这种思路会比较粗糙，对结果的评估可能会出现目标值过高或过低这种不符合实际的情况。

用过去的结果推算经营目标，实质上和用未来目标倒推目前的经营目标大同小异，只不过把对照组设定成过去几年的业绩情况。当我们在对过去结果进行推算的过程中，会发现某些业务环节有短板和缺口，这时，经营者需要投入一定的资源，利用一定的手段，制定相应经营目标，将缺口补齐，这种制定经营目标的方式就是资源投入换算。

以上 3 种方式是在预估经营目标时较为粗糙简单的方法。那么，有没有更行之有效的方法呢？经营者可以通过产品、区域、客户测算企业的经营目标。

通过产品、区域、客户测算

业绩增长的 3 个维度分别是产品、区域、客户，而这 3 个维度的选择不仅关系到经营目标的设立与执行，更关系到公司的发展，如图 5-8 所示。

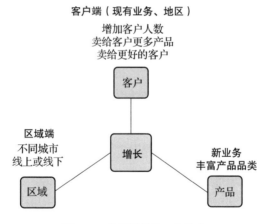

图 5-8　业绩增长的 3 个维度

第一个维度是产品。通过增加产品品类、拓展业务，不仅可以促进公司增长，还能力挽狂澜。例如，奶茶店需要不断地推出新品，才能持续吸引新的客户群体，以此带来增长。

第二个维度是区域。通过设立不同区域的产品经营指标，或采用线上、线下这种维度的区域划分方式，量化经营目标。与第一个维度相比，区域这个维度是在企业的发展迈上新台阶时需要思考的。不论是从实体线下渠道至虚拟的线上渠道，还是从本土地区增加到外地甚至是国外市场，都是通过增加区域来获得业绩增长的方式。

第三个维度是客户。通过增加客户群体达成业务增长的目标，是各个发展阶段的公司都要思考的。客户维度下又能细分成增加客户人数、卖给客户更多产品、卖给更好的客户 3 种方式，如表 5-11 所示。

表 5-11　客户维度下 3 种增加业绩的方式

序号	方式	说明
1	增加客户人数	不断进行宣传、营销，以吸引更多新客户，即把产品卖给更多客户
2	卖给客户更多产品	这种方式背后的逻辑是在客户人数基本不变的情况下，增加客户总体的购买金额。譬如，某企业的采购预算总共 5 000 万元，但它在我的公司里只采购了 500 万元的产品，那么供应商的目标就是努力把 500 万元提升到 1 000 万元，如此便是卖给客户更多产品
3	卖给更好的客户	这种方式融合了科学管理的内核。想要将这种方式运用好，应当把客户或加盟商进行分级，致力于增加优质加盟商的投资金额，提高优质客户对公司增长的贡献占比

以博商为例，在 2020 年，博商通过客户、产品和区域等不同维度的分类，预估了符合自身实际的经营业绩额目标，如表 5-12 所示。

挖掘影响业绩的深层原因

表 5-12　博商在 2020 年度对 3 个维度的经营目标业绩额预估

单位：万元

维度	项目	年份			
		2020 年	2021 年	2022 年	2023 年
客户	H1：线下老客再消费	12 500	28 000	55 700	83 600
	H2：线下获新客	6 800	10 500	17 200	28 600
	H3：线上获新客	7 700	21 500	47 100	67 800
	合计	27 000	60 000	120 000	180 000
产品	H1：总裁培训产品	20 000	35 000	66 000	80 000
	H2：B 端收入	3 000	5 000	10 000	20 000
	H3：线上产品	4 000	20 000	40 000	60 000
	H4：行业产品	—	1 000	4 000	20 000
	合计	27 000	61 000	120 000	180 000
区域	H1：深圳、东莞、广州、佛山、长沙、苏州	25 000	50 000	80 000	11 000
	H2：重庆、上海、中山、杭州、北京、成都、郑州、武汉	2 000	9 000	30 000	50 000
	H3：天津、无锡、宁波、南京、合肥、昆明、厦门、泉州	—	1 000	10 000	20 000
	合计	27 000	60 000	120 000	180 000

增加客户人数、卖给客户更多产品、卖给更好的客户这 3 种方式，是企业通过客户端促进业务增长的合理且有效的思路，通常能够较为准确地预估企业的经营目标。

激励企业对赌

除了以上这些方法和手段，还可以运用激励目标对赌这一工具，制定企业的经营目标，助力企业业绩的增长。

我们可以运用一个简单的例证，解释什么是激励目标对赌。假设经营者希望公司的业绩收入增长 1 000 万元，分配到每个员工则是要增加 10 万元的业绩量，员工认为这有些难度。作为企业的管理者，你和员工立下"赌约"：如果员工的业绩达成，则当月薪酬则翻一倍；若未达成，则员工需要从非固定薪资中扣除 1 000 元钱，共同承担企业决策的损失。图 5-9 是激励目标对赌的流程示例。

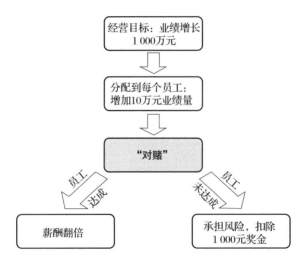

图 5-9　激励目标对赌的流程示例

如果员工带着这样的压力和动力去工作，将拥有更强的驱动力和目标，会比平时更加努力，想出更多与客户谈判、增加订单数量的办法，最终也能更好地促进企业经营目标的达成。

从表面上看，这仅仅是比原来多了 1 000 万元的业绩收入；

但从公司的运营成本角度看，却帮助公司节省了许多人力成本和办公成本的管理费用。即通过既定目标对赌，不仅能够有效完成公司增长的目标，更是间接地节省了企业的管理费用，还能够为拓展企业存量提供更大的支持；并且剩余的利润也可以为新一回合的投资提供启动资金。故而，激励目标对赌不仅是促进公司业绩增长的法宝，还是公司持续发展、行稳致远的有力保障。

在员工如约完成任务后，经营者应当迅速地兑现自己许下的承诺。企业如果以"画大饼"的形式和员工谈回报，绝对会透支自己的信用和口碑，最终导致大量优秀人才的流失。切忌"捡了芝麻，丢了西瓜"，结果只会得不偿失。

企业经营目标分为长期目标和短期目标。当长期目标明确时，短期目标也应该是清晰且坚定的。只要企业基础的资源铺垫得足够多、足够好，后续发展将会"顺水推舟"。经营者需要审时度势，选取不同的方法估准企业的经营目标，更好地促进企业业绩的增长。

复盘经营计划五

未来三年，企业应该做成什么样子？

根据本章的学习，您是否对企业未来的发展前景有了一个清晰的规划呢？结合第 4 章和本章所学，请对您所在的企业做一个复盘。

1. 制定 TOWS 组合策略

请结合您所在企业的优势和劣势，并思考企业所在行业的机会和威胁，制定企业的 TOWS 组合策略，将复盘的内容填入表 5-13 中。

表 5-13　TOWS 组合策略工具

TOWS 组合策略	优势（S）	劣势（W）
机会（O）	SO 战略 发挥优势，利用机会	WO 战略 利用机会，弥补劣势
威胁（T）	ST 战略 利用优势，回避威胁	WT 战略 减少劣势，回避威胁

2. 愿景、使命、价值观

请根据自身情况和本章所学，描绘您所在企业的愿景、使命、价值观，将复盘的内容填入表 5-14 中。

表 5-14　愿景、使命、价值观复盘工具

序号	要素	具体描述	您的思考
1	愿景	给您足够的时间，您想把公司做成什么样	
2	使命	您做企业想给员工、行业、国家、社会创造什么价值	
3	价值观	你想和一群什么样的人一起做这件事情	

3. 制定 3 年战略目标

请根据本章所学，结合您所在公司的特点，从营业规模、区域分布、收入结构、市场地位、产业链定位、利润水平等 6 个方面进行考量，并制定出企业的 3 年战略目标，将复盘内容填入表 5-15 中。

表 5-15　企业 3 年战略目标工具

序号	3 年经营目标	说明
1		
2		
3		
4		

4. 制定增加企业业绩的策略

请您根据本章所学，结合您所在企业的经营特点，分别从产品、区域、客户维度分析增加企业业绩的策略，并将复盘内容填入表 5-16 中。

表 5-16　从产品、区域、客户维度分析增加企业业绩的策略

序号	维度	策略
1	产品	
2	区域	
3	客户	

第 6 章

制定经营战略的可执行措施

6.1 拆分经营目标

实业家安德鲁·卡耐基曾说过："设定一个目标，它能指挥你的思想，释放你的能力，激起你的希望。"目标有如迷雾中的灯塔，指明迷途之人的前行方向。对于企业而言，设定经营目标的作用相似。在本节中，我们将学习如何拆分业绩目标，如何制定关键举措，以及利用管理工具推进目标的执行，使企业的经营方向更加明朗。

经营目标分析：分解年度经营目标

企业业绩上升或下滑的现象在所难免。企业经营者在经营过程中，重要的是如何应对这种业绩的变化。我们可以沿着以下思路复盘经营目标，如表 6-1 所示。

当一个经营者去年已经制定了年度经营目标，在年底复盘经营目标的时候，发现业绩并没有达到预期目标。这时候，经营者需要反思，为什么制定的目标没有达成，

表6-1　面对业绩变化经营者的思路

步骤	说明
第一步	需要先跟员工针对为什么过去一年里业绩差这个问题进行探讨。这里的探讨指的是深层次、多角度、多维度的探讨，要调动每一个员工去思考这个问题，把自己一年来业绩差的原因从客观到主观，从内部原因到外部环境都进行全面分析，综合阐述。这样不仅有助于领导明确了解每个员工的工作状态，也能帮助员工清晰地了解自己的工作计划和工作步骤，调动工作的积极性
第二步	深入分析业绩不达标的原因之后，接下来，需要探究日后员工要如何避免再次出现同样的问题，应该采取哪些具体措施，公司又可以提供哪些帮助。这能有效地帮助公司员工提升业绩
第三步	采取了这些措施之后，总结过去一年的业绩有没有机会得到提高，能提高多少。然后，规划未来一年的目标该怎么定

原因应该归咎于哪些业务，由此辐射到今年制定的经营目标，发掘今年针对这些业务应该制定怎样的举措，以及复盘实施这些举措之后的业绩增长情况。表6-2是复盘年度经营目标未达成的工具。

表6-2　复盘年度经营目标未达成的工具

序号	部门业务	去年业绩营收	自然变动	原因	实施举措之后的业务增长情况
1					
2					
3					
4					

　　企业在业绩上升时，要总结成功经验；在业绩下滑时，更要认真分析原因，讨论措施，并积极运用到实际的项目中，努力将企业的经营调整到最佳状态，争取公司的业绩稳定上升。

当经营者完成以上的复盘，已经制定好了年度经营目标之后，首先要思考的问题是如何量化这些目标，如何将年度目标拆分到每个季度、每个月去完成。具体的做法是，根据业务的淡季和旺季，将年度经营目标的业绩分解到每一个月，最后进行一个汇总，如表 6-3 所示。

表 6-3　年度销售目标按月分解工具

序号	产品、区域、客户目标	月份												合计
		1	2	3	4	5	6	7	8	9	10	11	12	
1														
2														
3														
4														

协调老板和管理层的意见

在现代企业管理过程中，很多企业在制定目标时，会遇到所有者和管理层意见不一致的情况。企业所有者的逻辑是意识决定存在，企业管理者持有的观念则是存在决定意识。

我们来举一个制定经营目标意见不一致的例子。老板想把公司下个年度的业绩做到接近 13 亿元，管理层认为只能做到11 亿元。老板制定的目标和管理层认为能够完成的目标差了近2 亿元。管理层制定的经营目标，是按照已存在的事物来决定自己对于未来的预期。而企业的老板则是从"我想把经营目标设定成什么样子，便是什么样子"的逻辑考虑的。

遇到这种情况，根本的解决方法是转变双方的思维逻辑；同时通过资源投入、措施优化的方式，弥补管理层和老板对目标认知的差距。只有让企业所有者和管理层在认识上达到统一，企业在经营管理时，才会让分歧最小化，让执行力最大化，才能让企业更加良性地发展。另外，管理层只有具备了意识决定存在的逻辑思维，才能在公司竞争中脱颖而出。

制定企业经营的关键策略

通过拆解年度经营目标的方式，且已经协调了企业所有者和管理层的意见，一个具体、翔实的年度经营目标定好之后，经营者接下来应该着手哪些经营事务呢？我们首先来梳理一下制定企业经营策略的逻辑，对其做一个复盘。图 6-1 是企业制定经营策略的逻辑流程。

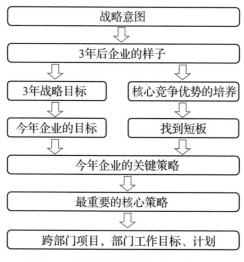

图 6-1　企业制定经营策略的逻辑流程

在企业确定战略意图之后，就要从愿景、使命、价值观 3 个方面，设想 3 年后企业的样子。根据设想的企业架构，一方面，制定 3 年战略目标和当年的目标；另一方面，培养企业的核心竞争优势，找到企业在经营上的短板。综合这两个方面，制定出企业的几个关键策略，并从中选择最重要的 3 条核心策略，落实到跨部门项目、部门工作目标和计划之中。

通过对企业制定经营策略逻辑流程的梳理，经营者在确定了企业的年度经营目标之后，接下来要做的事情是制定推进经营目标实现的关键策略。

为实现企业年度经营目标，经营者需要在以下几个方面做出努力，如表 6-4 所示。

表 6-4　实现年度经营目标需要考虑的关键经营策略

序号	关键策略
1	产品结构（业务组合）和创新策略
2	开拓市场策略
3	发展与培育客户策略
4	完善供应链策略
5	提升管理效率的流程创新策略
6	人才满足策略
7	整合外部资源策略
8	资金保障策略
9	其他策略

我们就其中的人才满足策略举一个例子。博商为减少对外部师资的依赖，增加线上流量的经营目标，在人才方面制定出

以下策略：

（1）培养 10 名自有师资。

（2）培养 3 名分教中心经营型人才。

（3）培养和招聘 10 名优化师，以提升直播间的导流流量，招聘 40 位视频剪辑师和 5 名师资助理等。

在具体的管理过程中，经营者要营造一种人人都能提出策略的创新氛围，充分保证每一个员工都能为企业的经营策略献言献计。这样不仅能够帮助企业实现年度经营目标，还能提升企业的组织能力。因此，经营者要重视关键策略的制定。

重大事项及落地计划表

关键策略是经营者在确定年度经营目标之后，必须要考虑的事情，但凡事不能"眉毛胡子一把抓"，我们需要在所有关键策略当中，选取出最重要的 3 条核心策略，作为企业年度经营计划的重大事项，并以表格的形式列出来，使其具象化。表 6-5 是企业重大事项计划工具。

表 6-5　企业重大事项计划工具

序号	重大事项	起止时间	负责部门	协调部门	重要性评价（1~3分）	紧迫性评价（1~3分）	优先性=重要性 × 紧迫性
1							
2							
3							

在表 6-5 中，经营者需要明确重大事项的起止时间，由哪

些部门负责，又由哪些部门进行协调，并对这些重大事项进行重要性和紧迫性的评价，最后得出重大事项的优先级。随后，经营者要推动这 3 项重大事项的落地，此时需要用到重点工作落地计划工具，如表 6-6 所示。

表 6-6　重点工作落地计划工具

序号	重点工作	项目描述	预计产出成果	优先级别（1~3级）	主责岗位	辅责岗位	所需支援及协助	计划起止时间	财务预算
1									
2									
3									

在表 6-6 中，经营者首先要对重点工作进行描述，并预估它所能产出的成果；按照优先级对其进行排序，确定负责这项工作的主责岗位和辅责岗位，以及工作实施过程中所需的支援及协助；最后再明确计划起止时间和所需的财务预算。

通过推进重点工作的落地，经营者能够不断在经营过程中调整小的经营方向，逐步实现年度经营目标。

本节的最后，我们对所学内容进行一个复盘。首先经营者在确定好战略意图之后，可以用 5 种方式制定年度经营目标；在制定年度经营目标的过程中，要找出过去业绩没达标的原因，并协调与管理层的意识差异，使经营目标切实可行；最后，将年度经营目标分解成月度经营目标，并制定关键策略，从中突出 3 项重大事项进行推进。这样不仅可以保证年度经营目标的大方向不会出差错，还能不断提升企业自身的执行力，促进企业的成长。

6.2　企业部门复盘法：制定部门工作规划

要达成企业的经营目标，经营者需要委派各个部门去制定相应的经营策略，实施具体任务。如此说来，部门要如何制定相关策略呢？要如何推动经营任务的实施？在本节中，我们将学习两种在经营任务实施过程中会运用到的方法和工具——"OKR 法"和"OGSM 法"，并学习如何制定部门工作规划；同时为经营者梳理审核部门工作规划的 8 条原则。首先，我们来看第一种复盘部门的工具——"OKR 法"。

用"OKR 法"分解经营任务

什么是"OKR（Objectives and Key Results）法"？它与企业经营任务的达成又有何种联系呢？OKR 法即目标与关键成果法，是一套明确和跟踪目标及其完成情况的绩效管理工具和方法。对于企业而言，"OKR 法"的主要目标是，明确经营目标，以及明确每个经营目标达成的可衡量的关键结果。在具体的实施过程中，要确保企业的员工共同协作，并集中精力做出可衡量的贡献。表 6-7 是某企业用"OKR 法"分解经营目标所规定任务的情况。

我们可以再举一个例子对"OKR 法"进行阐述。

某服务型企业打算建设一个呼叫中心，其具体目标（O）为：在 3 月完成 200 人的呼叫中心的建设。该企业将这个任务下达给王二、张三、李四、赵五 4 人。对于如何建设这个呼叫中心，企业给出了 5 个关键成果（KR）指标，分别为：在公

表6-7 某企业用"OKR法"分解经营目标所规定任务的情况

目标（O）	关键成果（KR）	信心指数	完成时间	完成情况说明	KR的完成状态	O的完成状态
行政部门每月降本10万元	KR1: 公司固定资产采购置换方式	0.9	2021.5.30	总部3楼家具、广州家具和空调已完成置换		已完成
	KR2: 控制行政办公中的浪费现象，提倡物品循环利用	0.8	2021.5.30	财务数据上已取得成效		已完成
	KR3: 通信供应商争取更新的优惠政策	0.7	2021.5.30	资费有所下降，不明显		执行中
	KR4: 办公用品各区域集中采购，快递费集中邮寄	0.8	2021.5.30	有成效，费用下降10%左右		已完成
	KR5: 减少会务费和招待费	0.6	2021.5.30	同比去年会务招待费下降60%		已完成
	KR6: 教室、办公室出租	0.4	2021.5.30	未拿到可观的结果		执行中
财政部门每月降本10万元	KR1: 调整交通费用报销制度，并关闭企业滴滴，开启企业携程号	0.8	2021.5.31	全公司差旅成本减少10万元		已完成
	KR2: 严控报销制度	0.6	2021.5.31	—		执行中
	KR3: 政府补贴的申请	0.5	2021.6.6	高新补贴10万元，7月到账		执行中

注：1. KR的完成状态一栏中：■ 代表已经完成，▨ 代表基本完成，□ 代表未完成。

2. 信心指数取值范围为0～1。数值越大，表明信心越强。

司内部招聘 10 名销售主管人员，该事项由王二负责；在 2 月，完成呼叫中心的 200 名员工的招聘，该事项由王二、张三负责；在 3 月完成这 200 名员工的培训，他们的培训转换率能够达到公司正常的用人标准，该事项由王二、张三、李四负责；在 4 月，该呼叫中心能够做到 6 000 条线索的转换，该事项由李四负责；最后一个关键成果指标是销售主管和跟单同事激励制度的设计工作，该事项由王二和赵五负责。

接下来，该企业要对这 5 个关键成果指标的权重进行分配。根据不同工作的重要性和工作量，该企业的关键成果指标的权重分配如表 6-8 所示。

表 6-8　某服务型企业利用"OKR 法"分解经营目标的计划

目标（O）	关键成果（KR）	负责人员	计划完成时间	所占权重
在 3 月完成 200 人的呼叫中心的建设	在公司内部，招聘 10 名销售主管人员	王二	—	20%
	招聘 200 名呼叫中心的员工	王二、张三	2 月底	20%
	完成 200 名员工的培训，转换率达到公司标准	王二、张三、李四	3 月底	20%
	完成 6 000 条线索的转换	李四	4 月底	20%
	销售主管和跟单同事激励制度的设计工作	王二、赵五	—	20%

通过以上案例，我们可以较为清晰地了解到如何利用"OKR 法"分解经营任务。同时，我们在利用该工具的过程中，需要注意以下两点：

（1）目标设定要做到少而精。"股神"巴菲特曾说过："写出 20 个要达成的目标，聚集最大的 5 个；对于其他的目标，要像逃避瘟疫一样逃避它们。"目标设定一般为 3 ~ 5 个即可，设太多目标会导致年度经营计划无法聚焦而没有效果。

（2）每季度通过评价 KR（关键结果）来检验目标的完成情况，通常情况下，完成 70% 左右就算是表现良好。如果目标 100% 地完成，说明目标设定得过于简单了。

用"OGSM 法"分解经营任务

除了"OKR 法"外，还有一种企业经常用来拆解经营任务、衡量业绩指标的工具，它就是"OGSM 法"。

"OGSM 法"是一种计划与执行管理工具，通常用来制定公司的策略计划。其中，O（Objective）是目的，G（Goal）是目标，S（Strategy）是策略，M（Measurement）是衡量尺度。"OGSM 法"能够使企业的重要资源集中在更为重要的目标与关键策略上，从而达成理想的经营结果，如图 6-2 所示。

图 6-2 "OGSM 法"的一般流程

我们在用"OGSM 法"拆解企业的经营目标时，要遵循自上而下的步骤：

第一步，由企业的最高管理层规划经营目的，制定经营目标。

第二步，由企业的各个部门围绕企业的经营目的和目标，制定具体可执行的经营策略和措施，并给出衡量这些策略、措施进度的量化尺度。

第三步，将经营策略和措施以任务的形式，安排到部门内各个小组、岗位和个人，并不断跟进任务的落地，同时确保进度能够稳定推进。

图 6-3 是利用"OGSM 法"拆解企业经营目标的步骤。

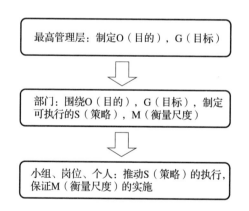

图 6-3　利用"OGSM 法"拆解企业经营目标的步骤

如果企业的体量巨大，经营者在制定经营目标时会做得十分宏伟邃密；在部门制定经营策略时，会将目标拆分成具体的小目标，再去具体分析策略和措施。所以，经营者要注意的是：你的企业越是庞大，需要拆解的可执行的策略就越多。

同样地，我们也可以通过一个例子来说明如何利用"OGSM法"拆解企业经营目标。某企业高层做出决策，制定了提高产品市场占有率的经营战略（O）。该企业的高层将经营战略传达到研发部门，研发部门就此制定了 3 个经营目标（G），分别是：新产品准时上线率达到 90%；在启动项目的前两个月，进行新资源的储备；积极进行技术创新，年度专利申请量达到人均 1 次等。根据这 3 个经营目标，分别制定策略和措施的量化衡量指标，并将行动计划进行具体落地，持续对目标进度进行跟踪。表 6-9 是该企业研发部门利用"OGSM法"拟订的经营目标分解方案。

各个部门在制定经营策略和措施的过程中，可以用部门年度规划表，将内容呈现出来，使企业的年度经营规划有血有肉、充实丰满。图 6-4 是企业各个部门年度规划表树状图示例。

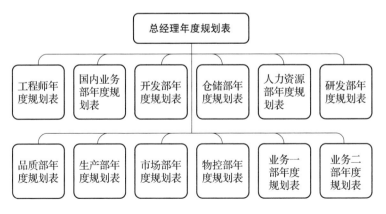

图6-4　企业各个部门年度规划表树状图示例

表 6-9 某企业研发部门利用 "OGSM 法" 拟订的经营目标分解方案

目标（G）	策略（S）	衡量指标（M）	行动计划		进度跟踪
			具体行动	负责人（岗位＋姓名）	完成时间
新产品准时上线率达到 90%	优化产品流程和制定详细的项目进度	1 个月内完成优化概念、计划、开发、验证，发布每个开发阶段的流程，制定每项任务的详细进度，进行每个阶段的跟进	制定 IPD 开发流程、项目进度表、项目风险评估表等，经过品质部、工程部、总经理讨论和批准后执行		3 月 1 日
	储备能力优秀的研发人员	扩大招募结构工程师人员 5 人，组建电子组 3 人	2 个月内完成招募和组建任务		3 月 31 日
	储备优质供应链	每月采购部的合格供应商数量为 5 家	根据项目要求，在项目启动前联合采购部，进行新的关键供应商的寻找		立项的前 2 个月
	建立试产物料造跟踪表及激励制度	要求 PMC 提供试产物料到料计划和实际每天跟进记录，并制定奖惩机制	要求 PMC 在工程部的试产启动任务下达的第 2 天提供试产物料到料计划书，每 2 天更新实际试产物料到料表，制定物料准时考核积分卡制度		试产后第 2 天

在启动项目前的两个月，进行新资源的储备	复盘旧产品问题	加强旧产品问题复盘，新产品类似问题出现率下降90%	召开旧产品问题复盘会议、制定研发旧产品问题数据表		产品立项后2天内
	了解公司全年的新品计划，并在项目启动前进行技术预研，供应链的储备开展等	①了解公司全年的新品计划，并在立项启动前两个月，进行新型技术的预研和供应链的储备；②安排专职工程师进行技术预研	制定竞品分析表		立项的前2个月
积极进行技术创新，年度专利申请量达到人均1次	通过绩效考核、奖罚机制，激发工程师进行创新	①制定绩效考核制度和奖罚机制，激励工程师自主创新，通过创新降低5%的成本，提升10%产品体验感；②通过架构设计预先评审，进行结构设计的三方评审（工程师、模具厂、第三方工程部门）	制定考核积分卡、体验报告，架构评审报告		产品立项后5天内

"OKR 法"和"OGSM 法"是企业经营中常用的工具和方法，能够帮助各部门更好地完成经营策略、措施的制定。

审核部门工作规划的 8 大原则

我们在考察企业经营状况的时候，发现几乎 90% 的老板都不会对部门年度工作规划进行审核，而且老板只要有一次不审核部门工作规划，所有的员工都会知道这件事情，员工们对做部门年度工作规划也草草了事。很多时候，员工们花了一两天的时间，去研究并制定企业的战略主题，然后根据企业年度经营目标，去制定各部门的策略和重点工作，最后做出来一份看似"滴水不漏"的部门年度工作规划。以我的经历为例，我的员工服从度很高，认真工作，犯错很少，但他们做的年度工作规划却错得离谱！

在这种情况下，企业经营者要对审核部门年度工作规划这件事情逐步重视起来。这不仅是对企业的一种负责的态度，也是对员工的督促和引导。在员工提交了部门年度工作规划之后，经营者要审核哪些方面的内容呢？

企业经营者在审核部门年度工作规划时，要遵循 8 条原则，如图 6-5 所示。这 8 条原则具体是什么？又要如何做呢？我们可以通过以下几点进行分析。

（1）看数据是否准确。数据不准确无疑是一个很大的纰漏，会影响后续工作的方向。如何判断数据是否准确？一般我们会通过对比的方式。例如，看销售部门的数据时，我们需要把财务部门的数据或者生产部门的数据拿过来进行对照，如果对不上，那肯定就是出现了错误，需要重新计算并修改。经营者还需要注意员工引用的数据是否正确，员工只会用到与自己部门相关的数据，如果报告里出现了与他工作范围完全脱离的数据，那也需要进行核实和修改。

图 6-5　审核部门年度经营规划时要遵循 8 条原则

（2）看部门年度工作规划的总结是否到位，措施是否可行，分析是否深刻，有没有抓住关键逻辑，以及制定的目标是否合理。一份合格的部门年度工作规划，在逻辑上是顺理成章的，视觉上是一目了然的，内容是洞察本质的。如果我们在审核的过程中还需要去思考结构的逻辑、词句的意思，那这份规划无疑就是存在问题的。在后续的工作实施过程中，也会影响相关岗位的员工对于工作要求和目标的理解，影响工作效率和质量。

（3）在发现部门年度工作规划的问题之后，一定要让员工及时进行修改，修改过后还需再次检查；并且在审核完之后，还需要考察员工对自己工作规划的理解。例如，问他们一个关于工作规划的问题，让他们回答，回答得好就代表他对自己的工作内容和计划都比较熟悉，这才能算是合格的工作规划。

有没有更具体的办法，来看员工制定的年度工作规划是否经得起检核呢？我们可以这样做：先询问他，能达成全部目标的信心有多少。如果他说有 7 成把握，那再追问他剩下的应该如何完善，并要求他将完善的内容补充到自己的规划中。等他改完之后，你再问他有多少把握。如果没有多大提升，那就需要继续完善；但是，如果成功率已经得到大幅提升，几乎能保证万无一失，则说明这份年度工作规划是切实可行的。当员工对反复修改年度经营计划的过程感到厌倦和沮丧时，我们应该给足员工时间，让他们整理好自己或部门的年度工作规划，了解并充分把握自己做的方案，尽可能考虑所有可能发生的意外情况，增强他们完成任务的信心，而不是草草了事。

在审核部门年度工作规划的时候，管理者一定要形成一个意识：没想清楚的事情做不到，没说明白的工作做不好。以这样的态度去审核每一项部门年度工作规划，你能够帮助员工发现他们没有意识到的问题，完善规划中的不足，让他们能高效制定规划，并顺利实施。

6.3　经营储备：与业绩挂钩的"人"

我在对部分企业的经营考察中发现，有 60% 的企业年度经营计划没有完成的原因，是人才管理没有做到位。人才稀缺导致工作效率低下，工作质量也得不到保证。为了解决这个问题，经营者务必注重人才的引进、留存和管理。本节将介绍 3 种与企业人才相关的策略：制订关键人才支持计划、制定营销日历、启用激励机制。经营者通过学习引进和管理人才的策略，能充实企业的员工储备，使经营少走弯路。

首先，我们来了解第一种人才策略——制订关键人才支持计划。

制订关键人才支持计划

企业要想在激烈的市场竞争中具备足够的竞争优势，必然离不开关键人才的支持。目前，战略人力资源管理也受到越来越多的关注。那么，企业招聘关键人才的问题主要体现在哪些方面呢？又该如何应对呢？我们可以将问题总结为以下 3 个方面。

（1）大多数企业招聘人手的能力合格，但招收人才的能力薄弱。

企业员工可以分为 3 个层次：人物、人才、人手。人手是只会低头干活、执行普通命令的员工，他们不会对工作进行思考，是最普遍的一类员工。人才是能够创造一定价值，具备独立思考力，并且有责任心、有思路、有条理的一类员工。人才"百里挑一"，需要擦亮眼睛，认真寻找。人物是行业的标杆、领军者，是极少数人能够达到的高度。图 6-6 所示是企业人才招聘模型。

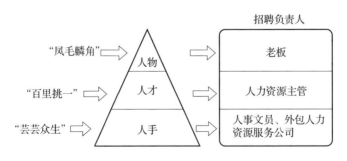

图 6-6　企业人才招聘模型

招人手时，不需要企业单独进行招聘，可以直接从人力资源服务公司选人，省时省力，能够满足需求，招聘成本也低。但企业需要的并不只是平平无奇的人手，还有人才。在现阶段的企业，特别是传统企业，人力资源部的招聘逻辑是这样的：首先，老板需要哪种类型的员工；其次，给出具体需求的描述；最后，人力资源不考虑需求是否恰当，直接将其描述变成招聘条件，放到招聘网站上，实质上根本不会对整个过程做深入分析。这体现了企业在招聘人才方面能力不足。

（2）企业的人力资源负责人没有选对。举一个例子，在一家规模大概在100人左右的科技公司里面，除了首席执行官外，哪三个岗位上的人对该公司的发展举足轻重呢？第一是人力资源负责人，第二是财务负责人，第三是运营负责人。这三个人，如果只能选一个，那选谁呢？经营者应该优先选择人力资源负责人。企业有了优秀的人力资源负责人，进来的员工就都有了保障；人力资源负责人没有选对，经他招聘的员工，质量也会参差不齐。总而言之，对于技术密集型、资本密集型的企业，人力资源负责人对企业的长期高效发展非常重要。

（3）企业在招聘人才时，没有紧迫感，自由散漫，毫无章法。假如一家企业在3月31日需要新员工，就当天吩咐人力资源部去招人。这种招聘方式，大概率是招不到优秀员工的。就此而言，企业应该如何进行招聘呢？

有一种方法被称为"漏斗筛选法"，这种方法也是腾讯、华为这类大企业常用来筛选关键人才的方法。如果一家企业为了在 3 月 31 日成功招聘到合适的员工，2 月初就需要开始筛选简历，需要从 540 份简历中筛选出 54 名合适的应聘者；2 月 20 日，通知这 54 名应聘者到企业面试；3 月 1 日，进行初次面试，实际来参加应聘的大概只有 27 人，从中筛选出 9 名合适的复试对象；3 月 8 日，进行第 2 次面试，让老板从 9 人中选出 3 人；3 月 15 日，通知这 3 名应聘者进行最后一轮面试；经过竞争，在 3 月 31 日，只会有 1 位应聘者经过层层筛选进入公司。而这名应聘者，是更符合企业要求的关键人才。

经营者在关键人才招聘的问题上，要洞察人才与人手的区别，要注重人力资源负责人的能力，要有人才危机意识。做到这 3 点，经营者就可以根据企业实际的人才缺口，制定关键人才支持计划，分析企业应招收关键人才的数量、获取途径、到位时间和相关责任人等。表 6-10 是博商关键人才支持计划。

表 6-10　博商关键人才支持计划

单位：人

关键人才	需求数量（总数）	获取途径			到位时间	责任人
		招聘	培养	外部合作		
抖音老师	10	—	—	10	前 3 季度完成	研发部
线上产品经理	1	1	—	—	3 月 31 日	人力资源部
区域总监	5	—	2	3	3 月 31 日	人力资源部

经营者在经营企业的过程中，要注重衡量人才杠杆值。人才杠杆值的计算如下所示：

$$人才杠杆值 = \frac{招收员工的预估业绩值 \div 招收及培训所用的天数}{企业每天创造的业绩值}$$

例如，一家企业花了 5 天时间招收、培训了一批员工，预估能为企业创造 300 万元的业绩额。该企业上一年度创造了 3 000 万元的业绩值，一年中实际工作 300 天。则：

$$此次招聘的人才杠杆值 = \frac{300 \ 万元 \div 5 \ 天}{3 \ 000 \ 万元 \div 300 \ 天} = 6$$

人才杠杆值越高，说明企业的人才招聘越有价值。假如人才杠杆值远低于预期，比原本经营状况下，经营者自己去做好企业管理和跑业绩所创造的价值还要低，那经营者不如不用花这么多资源和精力去招收关键人才。

如果我们在招收人才的过程中碰到了一个十分中意的人，作为招聘方的我们，应当放低姿态，并愿意花费一定的时间和资源，尽可能满足这个人的合理需求。

最后，经营者在招聘关键人才时，需要聚焦，即将精力聚焦到一两个核心岗位上。只要解决了核心岗位的人才问题，剩下的很多问题都会迎刃而解。切忌"眉毛胡子一把抓"，处处都想做好，反而会处处做不好。

激励机制：提升员工业绩达成的最佳方案

企业激励机制是培养人才、创造业绩的最好工具。一个好的激励机制，不仅能激发员工强烈的工作动机，还能提升企业的积极氛围，让优秀员工带动其他员工一同朝着绩效目标努力。如表 6-11 所示，是博商年度营销日历。在这份营销日历

中，博商用诸如"春雷行动""游轮之旅"等激励活动助推业绩
达标。

表 6-11　博商年度营销日历

项目	1月	2月	3月	4月	……	9月	10月	11月	12月
营销活动组织地点	—	—	北京	成都	武汉	—	—	海上邮轮	—
对销售的激励措施	—	春雷行动	—	—	夏日激情	—	—	年度冲刺	—
对客户的激励措施	—	—	—	—	—	积分	—	邮轮之旅	—

既然激励机制如此重要，有何具体方式能够帮助企业实
行呢？主要有以下 4 种方式，如图 6-7 所示。我们分别进行
探讨。

图 6-7　企业制定激励机制的 4 种方式

（1）挂钩绩效工资。

企业一切经营行为开展的前提是要遵循市场规律，所以企
业员工薪资的调整方案也应当遵循市场规律。通常，企业在每

一年度的年末会为企业员工发放各种福利或红包，这样往往会使很多企业管理者形成一种认识，即企业的经营额存量被分掉了。为了规避这种消耗，他们往往会寻求一种可以将经营额存量扩大的方法。现实中这种方法如何操作呢？

我们看一个案例，某企业 2021 年的经营额是 1 亿元，其中员工工资 5 000 万元，即相当于其经营额的 50% 是用在工资上，经营额存量为 5 000 万元。假如该工资花销比例是恒定的，基于 50% 的支出比例，为了将存量经营收入稳定维持在 1 亿元的水平，该企业有必要将 2022 年度的经营额目标扩充到 2 亿元。

要达到 2 亿元的经营额目标，依靠原来的员工数量显然无法实现，所以就需要调整员工数量。在 2021 年度该企业将 5 000 万元工资分发给 100 人，平均每名员工为 50 万元。在 2022 年，该公司预计增加员工 50 人，此时公司需要为员工发放的工资基数即为 7 500 万元，这一数据为 2021 年度的 1.25 倍。那么在考虑经营额目标能达成的情况下，就可以将员工工资增加 25%，这样既保证了公司经营额存量的足够稳定，也可以很大程度上刺激企业员工的工作活力，并为企业创造更多价值。

员工加薪当然是一件值得高兴的事，但此时老板可能有所担忧。因为员工增加的工资实际上是对企业经营额存量的瓜分，并且员工加薪并不能一定保证企业的经营额能顺利完成。有没有一种方法能让员工和老板都开心呢？当然有！这里我们引入一个 K2 系数。

通常情况下，K2 与每个月度实际完成的销售额相关。我们以上文中的例子进行说明，2 亿元的经营额目标肯定不会在一个月内就完成，我们可以将其划分为 12 个月完成。假如我们将 3 月的销售目标定为 2 000 万元，若实际营业额也为 2 000 万元，此时 K2 系数就为 1；而若实际完成额为 3 000 万元，那么此时 K2 系数则为 1.5。当然若实际完成的销售额高于预期目标，老板们也可以将员工调整后的工资再乘以 K2，即多劳多得，反映出员工的工资都是靠自己在市场上挣出来的。这个系数能较好地平衡员工工资和经营额存量，若经营者觉得二者还没有得到很好的平衡，则还可以利用不同指标引入 K3 系数、K4 系数，进一步调整员工工资。

上述逻辑在某种程度上满足了很多企业经营者的管理诉求，即企业的开支比例应当建立在收入相应增长的前提下。通常只要企业销售额能稳定增长，员工工资不消耗企业经营额存量，此时企业管理者和员工往往就能达到一个共赢的平衡状态。

（2）增量分配。

增量分配可以利用在同部门、同类型的员工上。

假设某企业 2021 年业绩值为 1 200 万元，平均每个季度做了 300 万元的业绩。该企业在 2022 年定了 2 400 万元的销售目标，平均分配到每个季度为 600 万元。2022 年的第二季度，该企业的业务部实际做出 570 万元的业绩，业务部因此获得了 30 万元的奖金额度。该部门的员工有张三、李四、陈二。由于他们的工资、出勤天数和绩效表现不尽相同，张三、李四、陈二在该季度所得的奖金分别是 3 万元、12 万元和 15 万元，如表 6-12 所示。

表 6-12　某企业利用增量分配的方式给员工分配奖金示意

项目	一季度	二季度	三季度	四季度
目标（万元）	600	600	600	600
实际达成（万元）	400	570	330	700
奖金基数	15	30	0	60

二季度奖金系数 =300 000 ÷ 150 000=2

姓名	工资（元）	出勤天数（天）	绩效表现	奖金分配积分（分）	奖金（元）
张三	5 000	60	50%	15 000	15 000 × 2
李四	10 000	80	75%	60 000	60 000 × 2
陈二	20 000	50	75%	75 000	75 000 × 2
合计	—	—	—	150 000	300 000

增量分配的激励方式能够很好地区分不同水平、能力的员工，让创造出不同水平价值的员工得到差异化的奖励。这样不仅能够使激励更加公平，也能促进较低水平的员工不断向高水平员工看齐，推动不同层次的人才进步。

（3）业绩对赌。

如果想把企业做得更好，还要让员工掏钱出来"对赌"。这并不是真的拿员工的钱和自己"打赌"，而是让员工将自己的钱拿出来，放到奖金里面。

员工拿出的更多的钱参与"对赌"，那么奖励倍数也会更高。根据经验，员工拿钱和不拿钱，绩效之间相差 20% 以上。"对赌"既可以年为单位，也可以季度为单位，还可以月为单位。同时，也可以在公司业绩比较差的情况下进行"对赌"。

在"对赌"的金额上，有没有让企业和员工都能接受的数值呢？一般认为，"对赌"的金额不能超过员工收入的 30%。假设员工月收入是 1 万元，那最多拿出 3 000 元。即使员工"赌"输了，也不会对其产生很大的影响；如果员工赢了，就有机会拿到更多奖金。

既然是"对赌"，那就会有赢也有输。如果员工没有达到既定目标，那么对于员工来说也是一种损失。出现这种情况，就应该跟员工进行及时、有效的沟通，寻找提升能力的方案，要不然员工肯定心存顾忌，或者想将钱拿回去。

行业都会有淡旺季之分，如果年底是旺季，则一般可以将"对赌"环节设定在年底的员工大会上，到了 1—3 月，就不太适合了，而且此时员工"对赌"的积极性也不高。

传统的激励机制难以激发员工个体的自驱力，但是换成"对赌"模式，员工就由个体的被驱动转化为自驱动，从而更加愿意工作，争取业绩。

（4）期权激励。

期权激励是对员工进行长期激励的一种方法，一般针对企业中高层管理者。我们通过一个例子来说明如何做期权激励。

某企业 2021 年的情况如表 6-13 所示，预计未来每年自然增长 10%。

表 6-13　某企业经营及股份、股权情况

项目	年份（年）			
	2021	2022	2023	2024
净资产（万元）	5 000	6 100	7 320	8 640
利润（万元）	1 000	1 100	1 210	1 320
股数（万）	1 000	1 000	1 000	1 000
每股收益（元）	1	1.1	1.21	1.32
每股资产（元）	5	6.1	7.32	8.64
大股东权益（万元）	5 000	6 100	7 320	8 640

　　企业所有者和 3 位高层管理人员约定，如果在 2022—2024 年间，企业连续 3 年的复合增长率不低于 30%，企业将在 2024 年底，以每股 5 元（2021 年每股净资产）的价位，向 3 位管理人员定增 100 万股入股该企业。表 6-14 是管理人员入股后的企业经营及股份、股权情况。

表 6-14　某企业管理人员入股后的企业经营及股份、股权情况

项目	年份（年）			
	2021	2022	2023	2024
净资产（万元）	5 000	6 300	7 990	10 687[①]
利润（万元）	1 000	1 300	1 690	2 197
股数（万）	1 000	—	—	1 100
每股收益（元）	1	—	—	1.99
每股资产（元）	5	—	—	9.715
大股东权益（万元）	5 000	—	—	9 715
管理层资产权益（万元）	—	—	—	972

① 10 687 由 10 187 和 500 相加而得出。

由表 6-14 可知，到 2024 年底，3 位管理层人员的股资由最初的 500 万元增至 972 万元，净增 472 万元。此外，3 位管理层人员今后还可以以每股 1.99 元的价位进行分红，这对企业高级管理人员而言，是获利颇丰的利好，能够激励他们在管理企业上更加精进、负责。

作为经营者，你需要持续在过程中检视企业内部管理状况，随时矫正企业的经营方向，动态地找到自身的问题所在，不断完善经营过程中的不足。企业人才的管理和经营，就是这样一个复盘的过程。做好人才的招聘、管理和激励，才有可能不断提高经营水平，促进企业业绩目标的达成。

复盘经营计划六

制定具体、可执行的经营措施

本章主要阐述了在年度经营计划实施过程中的策略和措施。通过本章的学习，您是否有所收获呢？我们一起来做一个复盘吧。

1. 拆分经营目标

请结合您所在企业的特点，从产品、区域和客户的经营目标角度，将年度目标分解到每月当中，将内容填入表 6-15 中。

表 6-15　年度销售目标按月分解工具

序号	产品、区域、客户目标	月份（月）												合计
		1	2	3	4	5	6	7	8	9	10	11	12	
1														
2														
3														
4														

2. 制定关键策略、企业重大事项计划和重点工作落地计划

（1）请根据您所在企业的经营特点和现状，分析实现年度经营目标需要考虑的关键策略或措施，将复盘内容填入表 6-16 中。

表 6-16　实现年度经营目标需要考虑的关键策略工具

序号	关键策略	具体展开
1	产品结构（业务组合）和创新策略	
2	开拓市场策略	
3	发展与培育客户策略	
4	完善供应链策略	
5	提升管理效率的流程创新策略	
6	人才满足策略	
7	整合外部资源策略	
8	资金保障策略	
9	其他	

（2）请结合表 6-17 的各项，从表 6-16 的所有关键策略中提炼出 3 项最为重要的措施，作为企业该年度的重大事项，并进行具体分析，将复盘内容填入表 6-17 中。

表 6-17　企业重大事项计划工具

序号	重大事项	起止时间	负责部门	协调部门	重要性评价（1~3分）	紧迫性评价（1~3分）	优先性 = 重要性 × 紧迫性
1							
2							
3							

（3）请您再对表 6-17 中的 3 项重大事项，展开落地计划。结合表 6-18 的各项，将复盘内容填入表 6-18 中。

表 6-18　重点工作落地计划工具

序号	重点工作	项目描述	预计产出成果	优先级别（1~3级）	主责岗位	辅责岗位	所需支援及协助	计划起止时间	财务预算
1									
2									
3									

3. 利用"OKR 法"复盘部门经营目标

请您利用"OKR 法"，对您所在企业的主要部门的经营目标进行分析，并将复盘内容填入表 6-19 中。

表6-19 利用"OKR法"复盘部门经营目标的工具

部门目标	KR指标	信心指数	完成时间	完成步骤	完成情况说明	KR的完成状态	O的完成状态

4.关键人才支持计划

请您结合您所在企业的经营特点,思考需要哪些岗位的关键人才,并将数量、获取途径、到位时间、招收人才的责任人填入表6-20中。

表6-20 博商关键人才支持计划

关键人才	需求数量（总数）	获取途径			到位时间	责任人
		招聘	培养	外部合作		

第3篇
复盘实战篇

本篇共分为3章内容，分别阐述年度经营会议、绩效评估、能力匹配的实战要点，由此说明如何落地年度经营计划，推动企业业绩的增长。

在第7章中，本书复盘了企业的年度经营会议，介绍了会议准备、述职议程和会议成果。最后，通过签订绩效合同表，确保企业的绩效管理得以执行。

第8章介绍了绩效评估的各个环节，如大小节点的经营会议、绩效沟通、绩效兑现等。本章给出了BEM模型、绩效面谈表等实用的绩效沟通工具，帮助读者在实际的经营管理中厘清绩效沟通的思路。

第9章介绍了年度经营循环的"内循环"，即能力匹配。本章首先提出了组织能力的"三维模型"概念，即分别从氛围、人才、治理等3个方面，培养组织能力；并且通过博商和某零售品牌企业的案例加以佐证。此外，本章还介绍了成就动机理论对销售型企业的作用。

希望通过本篇的学习，读者能够在企业经营的实战中，把握好年度经营会议、绩效评估、能力匹配的流程、工具和方法，做好组织能力的培养，并坚定制订年度经营计划的决心。

Chapter Seven

第 7 章

年度经营会议

7.1 会议准备：得体的环境是高效的前提

任何一家企业在经营管理过程中，都离不开会议这个话题。一次充实的年度会议，能够保证年度经营目标的有效传达；一次高效的部门会议，能够让部门计划按约定日程步步推进；一次小组会议，也能让小组上下级传达有效信息，化解误会。会议是内部传达信息和沟通的重要方式。

但是，有不少人持有这样一种观点：会议不仅浪费工作时间，并且不会对工作进度有任何帮助，完全就是"形式主义"。这其实只是一种片面的观点。会议之所以效率低下，并不是会议本身的问题，而是在开会之前没有分析会议的目的，没有做好会议准备工作。所以，即便开再多的会议，也是无效会议。

企业年度经营会议是众多会议中最重要的一种。因此，年度经营会议的准备工作也至关重要。在本节中，我们将学习企业年度经营会议的主要准备工作，包括时间、地点、人选安排等，以及一些需要注意的事项。这些准备方法也适用于其他的一些会议。接下来，我们就进入本节的学习。

时间、地点、人选安排

我们无法否认企业年度经营会议在企业管理中的作用。那么，经营者要如何开好企业年度经营会议呢？首先，我们要做好会议的准备工作。

召开企业年度经营会议的主要目的，是监督和分析企业年度经营计划和目标的达成情况，每年固定召开一次。会议由总经理（或老板）亲自主持，企业销售部门、财务部门、人事部门、研发部门、质量监管部门、采购部门、设备部门、生产部门等都要参与并进行汇报。

接下来，我们将从年度经营会议的时间、地点和人选安排进行简要介绍。

（1）会议时间。

召开企业年度经营会议的时间，一般在每年的 1 月初，或者是春节休假后的几天。这两个时间点都能代表企业新年度的开端，至于选择哪一个，可以根据企业本身制定的年度计划时间来选择。

（2）会议地点。

年度经营会议也是为新一年度的工作奏响序曲，因此要做足充分的准备来提高会议的质量和效率，精选参会人员和地址，以及合理编排会议的内容和节奏。如此说来，在哪里召开年度经营会议会比较合适呢？

在公司召开是否合适呢？在公司召开年度经营会议，十分容易受到工作等事务的影响，如客户来往、紧急情况协调等；并且公司的氛围紧张，不利于舒缓员工的心态。因此，会议效果可能并不理想。在外部场所召开年度经营会议，对于深化内部沟通、促进战略分享、增进目标认同会更加有效。

我们可以选择一个氛围休闲、景色优美的度假区、旅游景点等地方开会，优美闲适的地方能让人心境舒适；或者在类似于园林式的场地召开会议，亲近大自然的美景，也非常适合员工的沟通和思考。年度经营会议是重要的大型会议，属于比较严肃的团队建设，如果去氛围相对轻松的地方，更有助于制造快乐能量，使员工放下心理负担，全身心地投入。

企业文化是推动企业发展的发动机，也是企业的灵魂，只有积极向上的企业文化，才能激励员工创造更多的价值。因为年度经营会议也是一个增进员工感情和培养团队凝聚力的时机。企业不要为了节约成本，把会议地点设在公司；或者让员工自费去会议地点，这会使得企业员工从心底抗拒开会。

（3）会议人选安排。

年度经营会议规模较大，原则上企业全体员工都需要参与，但可根据企业的实际情况来调整参会人数。当企业人数过多时，各部门可派代表参与会议。年度经营会议除了总结企业的运营状况、制定新一年度的经营目标以外，还要进行表彰。对于在企业经营过程中涌现出来的优秀工作伙伴，企业都要在年度经营会议上给予奖励，这有助于激发企业和团队的凝聚力，鼓舞员工士气。

对于管理人员而言，理应全部都要参加年度经营会议。为什么要让全体管理人员参与呢？因为年度经营会议会涉及企业业绩达成率是多少，哪个部门、哪类产品和哪种经营模式在业绩达成率上贡献最大，为什么有的部门业绩可以超额达成，而有的却不能。通过在年度经营会议上总结绩效优势部门的经验和优势，使得大家的能力得到整体提升。

年度经营会议还能让管理人员明白，新一年度企业的年度经营目标是什么；以及将目标拆分到每个员工手里，分别需要完成多少。另外，各部门的管理人员一起开会，还可以促成建立一个良好的沟通机制，化解跨部门的矛盾，使在工作中遇到的问题得以高效、快速地解决。

年度经营会议准备的时间、地点和人选安排，可以总结成一张表的内容，如表 7-1 所示。

表 7-1　年度经营会议准备的时间、地点和人选安排

年度经营会议的准备	说明
时间	1 月的第 1 周或春节后开工的第 1 周
地点	安静、远离办公室的地点为佳
人选安排	公司所有部门的骨干、管理层

除此之外，我们还要规划年度会议召开所用的时间，会议控制人员（主持人、决策者、记录员），会议筹备阶段需要的资料、工具（设备、仪器、文具等）和食品（水果、水等）。做好年度经营计划的前期准备工作之后，就要召开年度经营会议了。我们在会议上又应该注意哪些方面呢？

关手机，少批评，多提问

很多企业认为年度经营会议不过是走个形式，因此不重视开会期间的细节。其中，最常见的细节是开会时看手机。

要想把会议开好，一定要让与会者将手机暂时关机。

为什么一定要关掉手机？手机静音不行吗？

不行。因为与会者只要把手机放在触手可及的地方，就肯定无法聚精会神，专心倾听会议议程，会对会议实际召开效果产生负面影响，具体体现在以下两点，如表7-2所示。

表7-2　会议上手机不关机的负面影响

序号	说明
1	手机给我们带来巨大的干扰。只要手里拿着手机，人就会不由自主地去关注它：有没有电话打来？我会不会错过一个重要的信息？这样，与会者会错过会议当中的许多关键信息，导致对接下来的信息不理解，产生意识偏差
2	一旦你开始刷手机，就有可能给他人带来不良印象。要建立良好的同事关系，最重要的就是学会尊重他人。别人在发言，在总结年度经验，而你在不断地刷手机，别人的眼神扫到你时，会留下一个非常不好的印象——你根本不尊重、不重视对方和他所代表的部门。这会导致在公司无法和各部门进行良好的协作，公司的跨部门工作也难以顺利开展，更不利于公司的良性发展

美国密歇根大学的某个研究小组做了一项研究，他们把一组学生随机分成3拨人进行考试。在这3拨人中，有一拨人把手机放在考场外面，有一拨人把手机拿在手上，还有一拨人把手机放在桌子的一边，然后开始考试。考试结果让所有人大为吃惊：手机放到考场外面的那拨人的考试成绩比手机拿在手上的人平均分数高出33%；手机放在桌子一边的人，成绩也要比

手机拿在手上的人高出 10%。

从这个研究可以看出，手机对人的干扰极大。手机离你越近，干扰越大。我们能够从中得到的启示是，一定要学会管理和使用手机，在不能使用手机的场合，要尽量将其"隐藏"起来。映射到年度经营会议上，一定要全程将手机关机。"细节决定成败"，别看这只是一个细节，但它能左右年度经营会议的效果。

从一年的经营成果来看，企业免不了有业绩的起伏和员工个人成绩的区别，部分老板遇到企业业绩不理想的状况时，会将业绩不理想归结于部分员工的能力不足，并由此大做文章。此时，整个年度经营会气氛紧张，员工们垂头丧气，默默无言。这样的做法非常不可取。年度会议在总结过去的同时，也要展望未来，应该在团结、友好的气氛中展开，公开给员工"处刑"，不仅不利于企业形象的展现，还会打击员工奋斗的信心，降低员工的斗志。为了起到更好的作用，有 3 点需要老板和管理者注意，如表 7-3 所示。

表 7-3　在年度经营会议上老板和管理者需要注意的 3 点

序号	说明
1	尽量少批评员工，以鼓励为主，让员工感受到上级对自己的期望，让员工有在新的一年里继续努力工作的决心
2	尽量少讲"场面话"，如果真要讲大道理、场面话给员工听，可以录好视频，让员工回去自己看
3	多对员工提问。多提问的优点在于，可以提前梳理整个会议的流程及重点内容，在正式开会的时候，可以围绕重点内容进行展开。对员工而言，提问就像在做填空题一样，把老板抛出来的每个问题都补充好，如此一来，彼此双方对过去一年的整体工作情况都有了一个非常清晰的认知

年度经营会议，不仅在于会议内容的丰满，更在于对形式和细节的把握。把握好以上这些细节，相信与会者会更加清晰自身的定位，经营者对企业新年度的发展会更有把握。

7.2 述职议程：层次分明地阐述企业绩效

在企业年度经营会议中，岗位述职一般是会议的第一项主要议程。如何使述职议程流畅、清晰且目标明了，是经营者需要关注的问题。本节主要介绍年度经营会议中，述职的流程和各个部门或岗位应注意的事项。这些知识和经验，不仅能够帮助年度经营会议取得良好效果，也能运用到企业其他会议当中。

岗位述职的一般流程

岗位述职一般是由企业内各级各部门主要岗位的人员，对年度的业务或业绩进行的陈述，包括履行岗位职责，完成工作任务的成绩、缺点、问题，对未来一年或更长远的展望、规划，进行自我回顾、评估等。岗位述职的议程通常为：总经理述职、财务述职、营销述职、行政管理述职、其他部门述职，最后由总经理做总结。述职议程如图7-1所示。

在图7-1中，提到了财务、营销、行政管理等部门，是大中型公司标配的几大重点部门。很多小微企业的部门不多，年度会议需要的时间也不长，2~3个小时，或者用半天时间即可。如果企业的特色鲜明，或者人员众多，部门也多，每个部门都要总结自己的工作，年度经营会议需要的时间也要长一些。在这种情况下，公司老板可以考虑采取分部门开会的方式，先让各个部门自己组织员工开年度工作会议，部门领导进行总结，然后公司总经理再和各部门领导一起开年度经营会议，把会议上的内容传达给各部门的员工。

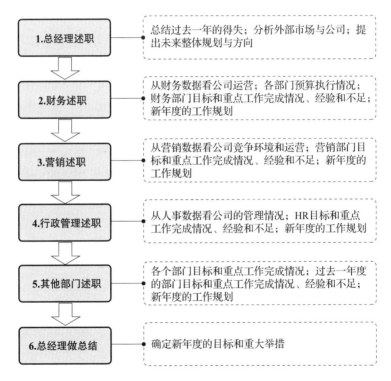

图 7-1　述职议程的步骤及主要陈述说明

领导述职和主要部门述职

领导和主要部门的述职是述职议程中的重要部分。接下来，我们对这些述职做一个简要阐述。

（1）领导述职。

这里的领导主要指企业的总经理。领导的述职主要从 3 个方面进行。

首先，领导要确定进行总结工作的人选。领导要明确有哪些部门的工作需要总结，确定人选总结过去一年主要指标的完成情况，新年度的几大重点工作推进情况等。领导还需陈述公司有哪些重大事项，取得何种结果等。除了总结取得的成绩以外，领导还要总结过去的规划中没有完成的项目，以及对此的经验教训等。

其次，要对公司所处行业的发展情况进行调研分析，并结合公司本身的发展情况，洞察外部的市场环境，对比得出公司发展的优劣势。其中的主要内容包括：外部宏观环境的变化和行业未来发展趋势。例如，假设一个跨境电商企业的员工，发现该行业过去是以美欧市场为主，现在则是与东南亚、美欧等地区实行多站运营。在年度会议上，该企业的领导就需要介绍目前跨境电商市场环境的变化，以及不同区域客户的需求差异、竞争环境等情况，并分析该跨境电商企业的优劣势。

最后，领导要提出企业新年度的整体规划，包括企业的经营目标和部门总体的工作设想和感受等。

（2）财务部门述职。

首先，财务部门相关人员要从财务数据上审视企业整体的运营状况，分析各个部门的财务预算及执行情况，总结财务部门的重点工作的完成状况、存在的问题、不足和经验，最后是财务部门新年度的工作规划。

　　财务部门涉及的数据庞杂，类别多样。在进行述职时，可以结合图表进行陈述和展示，使工作成果一目了然；同时，可以对企业不同年度的各项经营状况进行横向对比，这样更能清楚各项财务数据的升降趋势，以便在做财务筹划和新年度的规划时，有更好的判断。表 7-4 是某零售企业财务述职的具体内容。图 7-2 是该零售企业过去 4 年的净利润比对。

表 7-4　某零售企业财务述职的具体内容

序号	要点	具体展开
1	过去 3 年的营业流水分析	①营业收入；②营业成本；③期间费用；④净利润
2	过去 3 年的渠道收入分析	①直营渠道；②电商渠道；③加盟渠道
3	过去 3 年的收入分析	①各个季度收入对比；②店铺收入对比（专卖和专柜的新开、撤并情况）
4	销售区域分析	①京津冀地区；②长三角地区；③珠三角地区；④中西部地区；⑤其他地区
5	过去 3 年的应收账龄分析	① 60 天账龄；② 90 天账龄；③ 120 天账龄；④超过 120 天账龄的预警分析
6	过去 3 年的存货分析	①存货周转天数；②库龄结构占比；③存货产品构成
7	新年度的工作计划	①商场实收；②费用控制；③财务会议；④存货管理；⑤团队建设

（3）营销部门述职。

营销部门涉及企业的"对外输出"。营销部门在撰写年度述职报告的过程中，要遵循以下3个步骤。

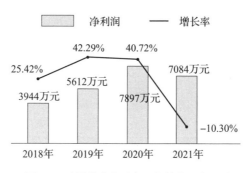

图 7-2　该零售企业过去 4 年的净利润比对

第一步，需要统计整体的目标情况，再和上一年做对比，看营销业绩是否增长。这里需要注意，要通过不同的角度来进行对比，比如商品的类型、款式和供应链等。

第二步，需要通过库存做比较。对线上和线下的部分，在商品的销售、市场推广、渠道以及组织结构，以及外部竞争格局上做分析，全面、充分地掌握影响营销效果好坏的因素，针对薄弱部分着重改进。

第三步，提出新年度的计划。这里可以从两个方面进行探讨：聚焦和转型。聚焦是聚焦利润，转型就是从业务上转型，二者的目标皆是提高销量、降低库存和成本费用。首先，我们需要提高商品的销量，措施有：调整渠道、调整商品、控制库存、控制费用和提升效能。其次，把每一个渠道的目标，按照产品结构、能源结构进行责任划分，具体说明不同结构由哪个部门及岗位负责，需要达到的目标是什么。最后，营销部门调整品牌推广策略、调整库存、控制费用，达到提升效能的目的。

（4）销售部门述职。

销售部门主要是通过销售数据洞察公司的竞争环境，以及该年度整个销售目标的完成状况，包括重点工作完成的情况和未完成的情况，并且归纳出可以获得的经验和教训，最后再提出销售部门新年度的工作规划。某些企业在业务转型、模式转型之际，也需要让优秀的销售人员进行述职。

年度经营会议的意义在于，帮助企业总结经验，找出问题，做好未来规划。这实质上是一个帮助企业调整经营路线的措施。作为企业的经营者，我们需要营造和谐积极的会议氛围，梳理会议的每个流程，把握节奏，主动让员工融入每一项议程当中，从而提高年度经营会议的效果。

重要事项：员工工龄结构分析

关于企业年度经营会议的内容，除了上述提及的方面，还有一个对企业发展具有重要影响的要素，就是员工工龄结构。对员工工龄结构的分析，对企业有什么价值呢？对企业员工工龄结构的分析，可以直观地统计不同时期、不同年龄层的人员流失率，并在此基础上，帮助企业提高管理水平，改善发展模式。

对员工工龄结构分析的主要方法，是通过观察人员流动性的增加或减少，来判断企业管理的问题，并采取相应的补救措施。企业人员的流动性反映了企业管理水平的高低，而企业的管理水平取决于高层管理者。高层管理者的管理水平，在一定程度上决定了企业的人员结构构成。具体到企业的各个部门，对员工流失率影响最大的，则往往是其直属领导。以制造业为例，在该类企业中，大量的部门主管是从生产一线中成长并被提拔的，所以他们对下属的去留拥有非常大的决定权，也容易造成员工结构不稳定的局面。若发现企业在 3 年时间内的人员流动性很大，那么可以推断出该企业的晋升空间存在问题，我们就可以根据这个分析结果，来调整企业员工晋升的措施，如增加晋升渠道等。

诚然，人员结构也不是越稳定越好。假如企业新员工很少，企业就不可避免地会陷入员工年龄普遍偏大的局面，这种"青黄不接"的现象会对企业发展产生巨大的负面影响。

员工工龄结构分析还有一个重要指标，即员工流失率。员工流失率对企业的发展有直接影响。不同部门人员的流失，决定了部门业绩或任务的完成效果。因此，企业在进行员工流失率数据统计时，也往往会分部门进行。

我们做人员流失率统计的价值有哪些呢？一般认为其价值体现在 4 个方面，如图 7-3 所示。

除了让经营者知晓各部门主管自身存在的问题、各部门内部组织氛围情况、判断各部门薪酬结构是否合理等 3 个方面的价值外，另一个更重要的价值是，可以根据分析结果，为部门找到一条可以整体上升的渠道。

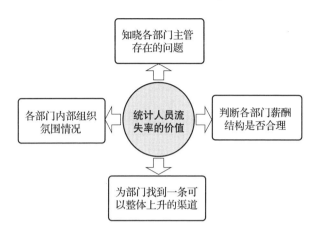

图 7-3　统计人员流失率的 4 个价值

部门人员流失率提高，会不可避免地影响部门的业绩和在公司的地位。久而久之，部门的上升通道会受到明显的制约。如果部门的上升通道被制约，管理者又该如何改变这种局面呢？此时部门能做出选择空间很小，要彻底摆脱被制约的困境，可以选择"见招拆招"的处理方式。具体方法如表 7-5 所示。

表 7-5　解决部门人员流失率高的问题"见招拆招"的两个方法

序号	方法	说明
1	分析人员流失率高的原因	可以采用多维度的方式进行分析，如系统性角度、员工服务年限、员工职级等。例如，从员工职级的角度分析，我们可以看到企业中的高、中、低等不同层级之间的人员流失率，根据相应的流失率，有针对性地找到这些人员流失背后的原因和补救措施。如果仅仅从个别角度分析，会对影响企业上升的因素把握得不够准确

（续）

序号	方法	说明
2	进行反向讨论，反思哪些部门员工晋升得比较多、比较快	在对其他部门人员晋升情况进行分析时，可以根据具体层级进行讨论。讨论的要素包含部门整体的员工人工成本上升状况、上升途径、具体的上升方向，以及不同层级员工的人工成本、在职人数、员工隐性成本等。在所有讨论中，最重要的一个因素是，根据企业整体的能力状况确定部门的发展策略

管理者在年度经营会议中对企业员工工龄进行分析，有利于全体人员对企业发展现状的把握，提高危机意识，促进员工不断保持学习和奋斗的习惯，以免被市场和时代淘汰。

7.3 会议成果：研讨各部门的报表

任何一个企业年度经营会议，都会得出具有实质性的会议成果。这些成果或是与经营目标相关，或是与企业人才建设相关，或是与企业业绩直接挂钩。在本节中，我们将学习年度经营会议的主要成果，以及它们为企业新年度的经营所带来的好处。

5 张表格和 1 份合同

无论是什么样的年度经营计划，都绕不开制订、落地和监控这 3 个环节。无论哪个环节出现问题，都会导致最终结果大打折扣。为了在新的一年中更好地完成这 3 个环节的内容，我们通常会在年度经营会议中制定年度经营目标分解表、数据收集明确表、重点举措推进表、部门指标年度分解表、部门绩效指标工作计划表和部门负责人绩效合同（见表 7-6）。

表 7-6　年度经营会议的成果

序号	会议成果	说明
1	年度经营目标分解表	年度经营目标要想落实到具体执行上，就必须进行分解。除了在时间上进行分解（如季度、月度）之外，也可以在空间上进行分解。将具体目标下放到各个部门，再由各部门内部进一步分解、细化
2	数据收集明确表	这里的数据是指经营者制定经营策略时，所用到的每个具体指标数据。这些数据的来源和指向一定要清晰明确，不要引起歧义。这也可以让部门负责人在考核员工绩效、核算奖金时，有更加直观的数据支持。具体做法为：把每一张表中的每一个数据来自何处、关于什么的，都明确记录下来；然后，将特殊情况下的备用方案表达清楚。这样在年终核算时，员工即便对自己的奖金不满，部门负责人也能根据这张表，让他心服口服
3	重点举措推进表	重点举措推进表关乎企业每一项重点工作。名称、定义、结果、责任部门、配合部门、重点工作起止时间、预算等都要有明确说明。在具体执行的时候，随时根据这张表跟进任务的完成情况
4	部门指标年度分解表	这张表要体现各个部门的工作如何分解，通过哪种方式和哪个指标确立任务是否完成等内容。这里可以采用 OKR 法或 OGSM 法分解经营任务的指标。表格的内容和流程一定要有非常清晰的推进安排，结构要简洁，要让重点工作的计划环环相扣，减少失误，避免不透明的环节出现问题
5	部门绩效指标工作计划表	这张表要体现这些问题：各个部门新年度 12 个月目标是什么？业绩如何定？应达成怎样的业务数据？重点工作是什么？等等

（续）

序号	会议成果	说明
6	部门负责人绩效合同	一张好的绩效合同犹如一张"军令状"，能够不断激发员工的潜能，提高员工工作效率和积极性。在制定绩效合同时，要搭建一套指标合理、任务细化的绩效管理体系，并把考核结果与每个团队及个人的薪酬和奖惩挂钩，充分发挥绩效合同的激励作用。此外，绩效指标的设定不应超过 3 个

　　有了表 7-6 中的这些会议成果，我们就可以更高效、便捷、透明地推进年度经营计划，并在后续的执行中通过相应的监控机制进行调整。要想顺利实现目标，首先就要对目标实现分解和整理细化，制定计划将指标进行量化，并且落实到相关的部门和人员，这样可以知晓计划的执行情况。年度经营计划不是一纸空文，因此执行过程中务必做好监督，让每个员工都能向着年度经营目标前进。

绩效合同是业绩执行的保证

　　很多企业在发展到一定规模后，打算通过业务多元化实现进一步扩张。但是在实施过程中，经营者往往会遇到很多阻碍，其中一个重要原因就在于企业团队出了问题。无论是数量还是质量，企业团队都不能匹配新的需求，无法支撑企业进一步发展的任务。这涉及团队的管理问题。

　　许多企业对团队的管理，长期缺乏明确的目标分解和绩效考核机制，员工的积极性没有被充分调动起来，员工的潜能也没有得到有效发挥，团队成员之间、部门与部门之间缺乏有效的竞争和合作，导致部门目标不清晰。部门的目标不明朗，员工的前进方向就不明确。

既然如此，经营者要通过何种方式改变这种情况呢？

签订绩效合同是一种提高员工工作效率和积极性的有效方法。绩效合同就像是一双无形的手，不断激发员工的潜能。在员工背后默默"推动"员工前进。那么，我们又该如何签订绩效合同呢？

企业与员工的绩效合同应该每年一签，签订时间可以在企业每年举办年度经营会议的时候。因为在企业年度经营会议上会协商和敲定企业未来一年内重要的工作计划和目标，因此在确定好企业年度经营计划后，就可以与员工签订绩效合同。通过这份合同，企业可以落实公司各中层管理者、各部门乃至每个员工的全年工作目标，做到任务的完全分解。

在绩效合同实施过程中，企业要从自身具体情况出发，搭建一套指标合理、任务细化的绩效管理体系，并把考核结果与每个团队及个人的薪酬和奖惩挂钩，充分发挥绩效合同的激励作用。这样的操作，对于实现企业年度经济计划、达到企业稳定可持续发展，具有深刻意义。此外，绩效考核指标的设定不应超过 3 个，多了就容易分散员工的精力，可能难以达成。图 7-4 是某公司绩效合同示例。

在签订绩效合同之前，企业老板要充分说明这个合同的重要性，让团队彻底理解这份合同的意义不在于克扣绩效和奖金，而是帮助员工的职业发展。通过这份绩效合同，企业的计划和目标能够实现，员工的个人价值和社会价值也得以彰显。

×××有限公司
2021 年度管理目标绩效承诺书

承诺人：＿＿＿＿＿＿＿＿

考核人：＿＿＿＿＿＿＿＿

监责人：＿＿＿＿＿＿＿＿

为保证公司 2021 年战略目标 1.2 亿元任务的顺利完成，根据部门岗位职责和个人岗位，对公司 2021 年战略目标任务进行分解，明确本部门 2021 年度管理目标任务，实施年度绩效目标任务与激励挂钩的政策措施，经公司确认、制定并签署本目标任务责任书如下：

一、×××部门 2021 年度管理目标任务考核指标 (KPI)

1.1 设财务类目标 5 项，分别是客户满意度、团队销售目标达成率、商务开单准确率、服务部门满意度、执行主管事务满意度，设考核权重。

1.2 设其他类 (否决指标)，一旦出现 KPI 范围以外的重大损失或违反廉洁法律法规及公司相关规定时，进行问责追究。

以上目标项分别设定目标值和考核分值，详见附表《×××有限公司商务部部门 2021 年度管理目标指标》。

二、商务部部门主管岗位关键工作职责

岗位关键工作职责（ 按照重要顺序排列）

1. 负责组织客户报价、开单、销售合同签订与保管，以及订货与备货采购

2. 负责组织赊销客户开单、订货前的欠款查询，及时提醒客户回款

3. 负责创建新客户信息，并维护系统客户信息的完整性和准确性

4. 负责监管销售优惠率、分析与控制可售库存占用的合理性，以及监控订货抵达后的及时出货率

5. 负责协调安排客户的售后服务工作

6. 负责安排组织滞销产品的替换销售工作与促销工作

7. 负责部门人员的日常管理、工作指导与绩效关注

8. 负责库存上下限的核算与系统调整

9. 负责安排产品的备货与订货采购工作，跟踪到货情况

10. 负责安排到货前信息的收集，编制到货清单，通知仓库做好收货准备 (标注订货)

11. 负责安排到货差异的沟通与处理，并按实际到货入库情况进行收货确认

12. 负责对客户退订的产品及时处置，退订特殊产品需入库的，做好详细的特殊产品型号备注

图 7-4 某公司

13. 负责监控采购退货率与采购退货配额占用率，向供应商办理退货等手续，并跟踪退货处理情况

14. 负责协助财务部门对客户退货数据、采购退货数据进行统计分析，控制退货扣额差异

15. 负责安排部门人员与配送司机交接资金、单据，对物流托运凭证进行收拢、对单、整理，并编制"单据交接清单"每天与出纳交接

16. 负责部门人员的培训工作

17. 负责完成领导交办的其他任务

三、×××部门2021年度管理目标任务及考核表

管理KPI指标	指标定义	权重值（%）	保底目标	基本目标	挑战目标	实际完成
1. 客户满意度	客户对公司各专业整体服务过程的满意程度	10%	60	100	130	
2. 团队销售目标达成率	团队销售目标达成率是指在年度内产品销售收入目标达成情况(系统数据)	30%	95%	100%	120%	
3. 商务开单准确率	指当期内商务组开单出错的次数(基于每个人的工作量和难易程度)	30%	—	＜4起	—	
4. 服务部门满意度调研	指商务部服务配合的部门对其工作协调和相互配合的满意度评价(销售组、综合组、物流组对接部门主管评价分值)	20%	85分	90分	95分	
5. 执行主管事务满意度	指每天除了开票工作事项外，主管交代其他工作事项执行的力度和完成的质量是否达到主管的要求	10%	0起	0起	0起	

四、签署

本责任书由本人、监责人、总经理加签后生效，一式三份，各执一份。

承诺人	监责人	审批人
签字日期	签字日期	签字日期

盖章处：

绩效合同示例

另外，庄严的场合和气氛可以让员工对绩效合同更加重视。在集体签约的盛况下，企业的凝聚力能达到最大，这也可以称为誓师大会。一个充满激励氛围的誓师大会，是将企业发展愿景、目标和员工个人薪酬福利增长有机结合的，做到对企业的归属感和荣誉感与员工自信力的双重提升，是誓师大会最好的效果。

一年之计在于春。企业在年初的年度经营会议上部署好一整年的经营战略和目标之后，再举办誓师大会，更能激励团队士气。绩效合同犹如一张"军令状"，将工作计划落实到个体，为企业战略和目标的实现奠定坚实的基础。

复盘经营计划七

召开一次年度经营会议

1. 年度经营会议的准备工作

如果您所在的企业需要举办一次年度经营会议，您需要做哪些准备工作呢？请您结合本章所学，思考会议的准备工作事项，将复盘内容填入表 7-7 中。

表 7-7　年度经营会议准备工作的工具

准备事项	说明
时间	
地点	

（续）

准备事项	说明
人选安排	
注意事项	
需要准备的资料、仪器和文具	

2. 述职报告

假设您将作为企业年度经营会议的述职报告发言人，请结合本章所学以及您所在企业的部门的情况，思考该部门需要进行述职的要点和具体内容，将其填入表 7-8 中。

表 7-8　述职报告要点工具

序号	述职报告的要点	具体展开的内容
1		
2		
3		
4		
5		
6		
7		
8		

3. 绩效合同

请您结合本章所学，为您所在公司的员工设计一份绩效合同（可参考图 7-4 的绩效合同示例）。

第 8 章

全程跟踪是推进经营计划的利器

8.1 节点复盘：重视大小节点经营会议

在职场上，除了重大的年度经营会议，总免不了召开其他各种各样的会议，大到半年度会议、月度会议，小到周例会等。许多职场人都有过如此感受：有事的时候开会，没事的时候也要开会。会议虽然繁杂，但对于经营节点而言，这是必要沟通和调整。经营者要做的，并不是减少各类会议的召开，而是思考如何使会议变得高效，使会议信息得以有效传达，从而确保经营计划的执行得到有效跟踪。

在本节中，我们将介绍年度经营计划各个重要的节点会议：月度会议、周例会、半年度会议。通过学习会议的一般流程和提高会议效率的方法，经营者在召开此类会议时，能够更加得心应手。下面我们来学习企业的月度会议应如何组织。

月度会议：推进决策和计划的执行

月度会议是经营会议的一种，是将企业年度经营计划划分到每个月度的经营性工作总结和规划。为了找出差距，企业内部会寻找解决经营决策在执行中遇到问题的办法，以便使下个月的目标和方向更明确。

月度会议最重要的是总结和规划。总结即对上一月度整个企业及各部门工作进展的总结，并以汇报的形式在会议中展示给大家；规划为对下个月经营目标和决策推进的计划，并向上级和各部门寻求支持。月度例会召开的时间，最好是企业月度财务报表出来后的 2 天内，通常会是每月的 30 日、31 日，或者下月的 1 日、2 日。表 8-1 是月度会议的一般流程。

表 8-1　月度会议的一般流程

步骤	具体流程	具体汇报事项
1	核实年度经营计划进度	①年度重大举措跟进情况；②公司整体目标达成情况
2	复盘上个月月度会议	上个月度经营会议决议执行情况
3	财务部门汇报	①公司整体经营数据；②预算数据；③财务部门目标和工作计划执行情况；④需要公司和部门配合的事项；⑤本月目标、计划
4	业务部门汇报	①公司营销数据；②市场动态；③业务部门目标与计划执行情况；④需要公司和部门配合的事项；⑤本月目标、计划
5	人力资源部门汇报	①公司人力资源相关数据分析；②本部门目标与计划执行情况；③需要公司和部门配合的事项；④本月目标、计划
6	其他部门汇报	①本部门目标与计划执行情况；②需要公司和部门配合的事项；③本月目标、计划
7	CEO 或总经理总结	对本月目标、计划和工作重点做部署

开好一次月度会议，需要一定的技巧。那么在月度会议上，我们应该如何把握每个议程呢？下面我们就来具体介绍。

（1）核实年度经营计划进度。

经营者在制订年度经营计划时，将年度经营目标分解成月度经营目标；同时，确定企业内部 3~5 项重大事项。企业需要完成的计划，很大程度上也是围绕这些重大事项而定的。月度会议便是讨论和核实这些目标和重大事项进度的节点。

不同事项有不同的负责人。负责人在重大事项的推进过程中，需要及时与上下级沟通。在汇报年度经营目标和重大事项的推进情况时，要如实阐述项目是正常运行还是滞后了。用 10 分钟的时间陈述事实，然后针对问题，找到原因和责任人，并提出解决方案。我们可以通过会议集思广益，高效地为问题找到合理、多元的解决对策。

除了"往回望"，汇报工作时我们还要"向前看"。企业的年度经营目标是什么？战略主题是什么？这些核心问题都需要反复强调，让每个员工牢记于心。这样做，也是为了确保经营方向不走偏。

（2）复盘上个月月度会议。

制订计划、实施计划、及时反馈，是计划开展的一般过程。月度计划也是如此。在本月的月度会议上，我们要复盘上个月月度会议的执行结果。假如结果没有达到预期，那么，我们需要思考，到底是计划的步伐"迈"得太大导致计划没有完成，还是在任务的分配上、人员的分配上有问题。

我们在复盘上个月月度会议的内容时，要逐条分列。每一条规划的完成情况如何，相关负责人需要及时反馈，让与会者了解计划实施中的具体细节和经验；对于进展顺利的部分，要列出来，继续保持；对于进展艰难的部分，需要和大家一起探讨，共同找出解决方法；对于失误的部分，要明确相关责任部门和责任人，并探讨和给出改进方案。这样，就能成功地与上个月的计划完美契合。

上个月的目标如果已经完成，这个月就不再关注；倘若还没有完成，则要在这个月继续努力完成。这种精度的推进，是季度会议与年度会议无法做到的。

（3）财务部门汇报。

企业财务数据好比家庭账单，可以看出企业这个"大家庭"的财务状况。财务部门需要在月度会议上公布企业的经营数据与预算执行情况。

经营流水是企业的重要数据，与企业的经营状况直接挂钩，而员工的绩效则影响公司的经营情况。在月度会议上公布财务数据，能够让员工及时了解公司的财政收入与经营状况，有利于持续激发员工的工作热情。此外，公布每个月的财务数据，使员工对于公司的状况了然于胸，期初数与月末数严丝合缝，不会怀疑企业的收入流入不正当或大家看不见的渠道，也就不会产生内部的信任危机。

（4）各个部门汇报。

企业的各个部门，如业务部门、人力资源部门、营销部门等，也要对各自的工作情况进行汇报，包括上个月提出的问题有没有解决，上个月做的计划有没有完成，以及应该如何去推进完成。例如，人力资源部门需要公布企业员工状况，如公司的现有人数，增加人数、招聘人数及离职人数。除此之外，还要关注人员的流动状况是否正常，有无遇到问题等。

（5）CEO 或总经理总结。

月度会议的最后，CEO 或总经理要对此次会议进行总结性发言。如果说公司各个部门是游兵散将的话，"老板"就是定海神针，他的发言需要有一锤定音的效果。要达到这种效果，可以把员工的发言进行提炼，体现出总结性、前瞻性。这就需要站在高位上看待问题，可以公布本月的重要目标，以及本月的重点工作和计划。

永远记住会议只是工具，更重要的是使用工具的那个人。最后我们来复盘一下月度会议，首先，公司负责人对年度计划重点工作进行强调性发言，对于企业的重点工作和核心问题进行介绍；其次，由各个部门复盘上个月的工作情况；最后，由老板做总结性发言。这些会议内容中，有的重点是公司业务，有的重点是安抚人心，负责人在会议中的作用是引领性的，而不是"全场飞"，或者是讲话最多的那位。

周例会：着重探讨任务的具体细节

一个计划要具体推行下去，需要将具体任务安排到每个岗位由员工去执行，并在过程中及时发现状况和问题，以便做出调整。周例会能很好地帮助这些流程的实施。那么，我们应该如何有效地开展周例会呢？

我们可以从开会时间和内容上分析周例会的要点。

（1）在开会时间上，可以在每周星期五下班前两小时开，如果是单休，则周六开周例会比较合适。会议时长控制在两个小时左右。时间太短，不够处理问题，太长则会影响工作。

（2）在会议内容上，主要有以下几项工作，如表 8-2 所示。周例会实质上是将月度经营目标拆解后的具体体现，可以认为是月度会议的组成部分。因此，召开周例会的目的，主要是解决重点项目推进、协调部门间的事务，汇报月度重点 KPI 指标的完成情况等。复盘一周的团队工作数据，再对比本月度指标的进度，就能及时调整下一周的工作计划。

表 8-2　周例会的具体事项

序号	具体事项
1	月度例会决议执行情况
2	年度重大事项推进情况
3	月度目标进展情况
4	上周目标和计划达成情况
5	本周工作重点和计划
6	需要部门协同的事项
7	周例会的决议

以上是企业层面的周例会。如果是部门级别的周例会，又该如何开展呢？如果部门只有 3 ~ 5 人，可以每月或每 2 周开一次会；如果部门人数较多，负责的事务也繁杂，则照例每周举

行。以财务部门为例，周例会的内容可以是：复盘这一周的工作计划推进情况，阐述每名员工做了什么事，做到何种程度，工作的质量如何，是否需要调整，等等。

半年度经营会议：对经营计划进行微调

每过半个年度，企业也要召开一次经营会议。在半年度经营会议上，聚焦的会议内容主要有以下几个方面，如表 8-3 所示。

表 8-3　半年度经营会议的一般流程

步骤	具体流程	具体事项报告
1	核实年度经营计划进度	①年度重大举措跟进情况；②企业前半年目标达成情况
2	复盘上半年企业经营情况	①内外部环境变化扫描与研讨；②目标和策略调整必要性的研讨
3	财务部	①公司前半年整体经营数据；②预算数据；③财务部目标和工作计划执行情况；④需要公司和部门配合的事项；⑤半年度的目标、计划
4	业务部	①公司前半年营销数据；②市场动态；③业务部门目标与计划执行情况；④需要公司和部门配合的事项；⑤半年度的目标、计划
5	人力资源部	①公司人力资源相关数据分析；②本部门目标与计划执行情况；③需要公司和部门配合的事项；④半年度的目标、计划
6	其他部门	①各部门前半年目标与计划执行情况；②需要公司和部门配合的事项；③半年度的目标、计划
7	CEO 或总经理总结	对半年度的目标、计划和工作重点做部署

半年度经营会议的流程和月度经营会议大同小异。但有一点值得注意，即我们需在半年度经营会议上，根据目前的经营状态，适当调整年度经营计划和目标。例如，有些企业在 2022 年上半年因遭遇新冠肺炎疫情而出现业绩下滑的情况，在半年度经营会议上，就可以根据当前的形势调整经营策略，增添线上销售渠道、减少低利润线下渠道，最后根据调整后的策略，对经营计划和业绩目标进行微调。

提高会议效率

会议的效率影响会议要点的践行，对后续经营计划推进具有实际价值。要提高会议的效率，首先我们需要清楚会议低效的原因。会议效率不高的原因通常有以下几个：

第一，会议没有固定流程和安排。例如，汇报没有统一的格式，没有流程，开会的时间太长，没有点心和茶水，会议时间过了饭点。这时，大家的心思都不在会议上。

第二，会议没有主持人。主持人的作用是把控会议时间、流程。没有主持人，就相当于使会议陷入无序状态。

第三，没有会议记录。会议记录可以对在会议上拟订的方案，以及会议上出现的问题，在会议结束后，进行推进和落实。

第四，会议没有纪律。例如，开会迟到、玩手机、自由离开会场等行为，会导致员工对会议疏忽和怠慢，使会议没有效果。

我们可以针对以上原因，对会议的召开提出要求，如图 8-1 所示。

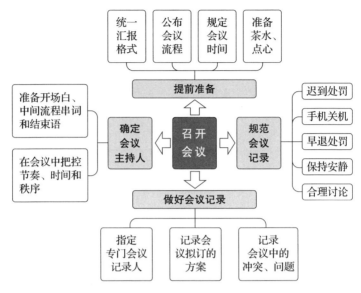

图8-1 提高会议效率的方法

月度会议、周例会和半年度会议都需要重视起来。在工作安排上，需要花些时间，把一整年的月度会议、周例会和半年度会议的时间敲定下来。这样不仅能让团队和员工提前准备，还能使会议效率提升。周例会促进月度目标的完成，月度会议促进年度经营目标的完成，这是一个环环相扣并且不可分割的环节。

会议是企业文化的一部分，也是最锻炼企业管理者的工具之一。作为企业经营者，要用好会议工具，帮助企业中的每个人掌握企业目标、策略的执行情况。

8.2 年度经营计划推进：绩效沟通是关键

在企业召开年度或月度经营会议之后，往往会对员工就会议中的目标和任务进行绩效考核，这就是在推进年度经营计划。作为经营者，应该如何做绩效考核？有哪些标准？又有哪些工具能够使用呢？在本节中，我们将介绍年度经营计划推进的 4 个标准和工具的使用方法，并学习如何做好与下属的绩效沟通。

年度经营计划推进的 4 个标准

年度经营计划推进是落实经营目标跟踪环节的主要手段。大多数企业在这一环节没有太多的可行方法，导致绩效管理工作变得低效且无用。在我看来，如果想做好年度经营计划推进，计划推进人员需要在落实经营目标跟踪环节中建立 4 个标准，具体如表 8-4 所示。

表 8-4　年度经营计划推进的 4 个标准

序号	标准	说明
1	思路要清晰	对经营目标要有清晰认知，要有逻辑条理性。把整个绩效管理框架做成思维导图，然后，将绩效管理的每个步骤都做成甘特图的形式，让工作内容一目了然
2	有强烈的目标感	要有态度，不能轻易被下属劝服。比如，当管理者去了解部门工作时，如果下属以各种理由搪塞，导致部门的任务没有完成，这时我们不能"体谅"这种行为，而是要追责，让责任落实到岗位。但显然，此时不适合用同理心去管理，该强硬时必须强硬，才能保证业绩任务顺利完成
3	处理问题时情商要高	处理问题的高情商体现在，既要拿到业绩结果，又不能让部门员工感到不舒服。这就要求我们在做绩效管理的时候不能尖锐，要懂得"刚柔并济"。如果某个部门的管理人员想得到好的结果，总是用"强命令"的方式催促另一个业务部门的员工配合，让这个部门的人怨声载道，那就不是高情商的处理问题方式了。情商的修炼，需要我们不断学习他人处理问题的方式，也需要不断实践

（续）

序号	标准	说明
4	懂得一定的管理方法	管理是有方法的。我们在平时进行业绩考核的过程中，要积累一些业绩考核的工具。我们会在本节接下来的内容中进行介绍

在表 8-4 中，前 3 个标准为思维上的标准，第 4 个标准为实际运用的策略标准。而在实际中，管理者常常以绩效沟通的形式进行绩效管理。那么，有哪些绩效管理工具能够为我们所用呢？接下来，我们就来学习一个常用的绩效管理模型——BEM 模型。

BEM 模型：环境、能力和意愿影响绩效落地

BEM 模型是"绩效改进之父"的托马斯·吉尔伯特（Thomas Gilbert）创立的，BEM 模型将影响绩效的因素分为两类：环境因素和个人因素。其中，环境因素又分为 3 类，分别是：数据、信息和反馈，资源、流程和工具，以及后果、激励和奖励。个人因素又可以分为能力和意愿两类；其中能力包含知识与技能以及潜能，意愿指的是动机。

托马斯·吉尔伯特在对 1 000 多家企业实地调研后发现，环境因素对绩效达成的贡献率达到 75%。其中，数据、信息和反馈占 35%，资源、流程和工具占 26%，后果、激励和奖励占 14%。而个人因素对企业绩效的贡献率为 25%，其中，知识与技能约占 11%，潜能占 8%，动机占 6% 左右。如图 8-2 所示，是 BEM 模型中各因素对绩效的贡献率。

环境因素	数据、信息和反馈		35%
	资源、流程和工具		26%
	后果、激励和奖励		14%
能力	知识与技能		11%
	潜能		8%
意愿	动机		6%

图 8-2 BEM 模型中各因素对绩效的贡献率

接下来，我们就 BEM 模型中的 6 个影响业绩的因素，进行具体说明。

（1）数据、信息和反馈。首先，我们需要提出这些问题：工作需要的外界资讯是否充足？工作要求是否明确？工作流程是否清晰？用具体数据来衡量这些环境因素对于员工绩效的影响。过去我们总在强调员工的自觉性，其实这个思路不是正确的。领导给员工提供的信息、流程、职责标准是否清晰明了，很大程度上关系到员工能否把工作做好。换句话说，如果员工的绩效不达标，有将近35% 的原因，是企业没有给其传达具体的指标数据和信息。

（2）资源、流程和工具。俗话说："兵马未动，粮草先行。"经营者想要员工达到自己的工作要求，按时、按质完成工作任务，所需要的资源要全部到位。如果资源不足，那工作就无法有效推动，这无疑会给业绩造成直接的负面影响。

（3）后果、激励和奖励。员工和老板之间本质上是雇佣关系，老板花钱雇用员工为他工作，员工则用自己的时间和知识牟取报酬，所以想要保证工作效率，明确奖惩措施非常有效。

如果工作做得好，就给予奖励，即正激励；假若做得不好，应进行相应的处罚，即负激励。

（4）知识与技能。员工的知识和技能是某一种独特的工作能力，如会开车、会开挖掘机、会用 PPT 演示文案等。这些可以被具体化表现出来的工作内容，是企业在招聘时要寻找人才的直接关注点。

（5）潜能。能力往往不能被具体到某一件事物的使用上，更多地体现在领导力、沟通能力、理解能力、变通能力、情商等较为抽象的概念上，是个人内在具有的特质。在实际工作中，对员工绩效的评判，20% 取决于技能，另外的 80% 则取决于潜能。因此，潜能提升相较于技能提升而言，更为重要。

（6）动机。员工的工作动机关系到员工是否能主动工作，这并不只是简单指员工主动去完成某项工作就足够了，而是员工发自内心地喜欢或者爱上工作本身。例如，本人在为博商上课间隔的休息时间里，如果有企业家同学找我探讨如何管理企业的问题，我会十分乐意与他分享经验，享受作为咨询人员的快乐和成就感。这种"生而为某项工作"的态度可以被认为是动机。在实际的绩效管理中，有一点值得注意：如果一个员工的主动性很高，但他的知识与技能、能力，以及公司其他方面的条件还没有达到的话，是不适合安排他做这项工作的。毕竟动机对绩效的贡献率占比仅为 6%，不能把太多资源用在不能出业绩的地方。

通过以上要点的描述，我们在绩效管理中，可以得到这样一个结论：如果员工没达到业绩要求，有 75% 的责任在于企业本身：或是指标和数据拟订不到位，或是资源不够，或是奖惩制度不完善。此时要对企业相关管理者进行问责，并改进存在的问题，营造出适合创造业绩的外部环境。

若企业本身的目标、资源和激励机制都没有问题，则要观察员工，发现他们的问题。员工本人的能力不足，培训不到位，或是性格不适合岗位的工作内容，都会导致业绩不理想。针对不同问题，给出合理的改善措施。

表 8-5 是改进绩效措施 BEM 点检表。表中详细列举了影响企业绩效达成的外部和个人因素。企业的管理者可以利用此表中的问题和下属进行复盘，提升绩效推进水平。

表 8-5　改进绩效措施 BEM 点检表

序号	问 题	是	否
1-1 标准			
1	是否有充足且易获得的数据（或信息）能指导一名有经验的，员工做出良好的工作表现		
2	数据（或信息）是否准确		
3	员工是否清楚并认同公司的发展方向		
4	数据（或信息）是否及时更新		
5	是否已经建立良好的行为典范		
6	员工是否清楚自己岗位的可衡量的绩效标准		
7	他们是否接受这些标准并认可其合理性		

（续）

序号	问 题	是	否
1-2 反馈			
8	我向员工提供的反馈是否包含具体行为及符合绩效标准的结果		
9	反馈是否及时？反馈频率是否足以帮助员工记住他们所做的事		
10	这些反馈信息，特别是在重要事项上，是否能做到有选择性、有针对性		
11	这些反馈信息对于员工而言，是否具有教育性、积极性和建设性意义		
2-1 工具			
1	是否始终具备工作中所需的工具与设备		
2	这些工具与设备是否同时可靠与有效		
3	这些工具与设备是否安全		
2-2 流程			
4	工作流程是否高效，是否有不必要的步骤和无意义的动作		
5	这些工作流程是否建立在有效的方法上		
6	这些工作流程对于工作和员工技能水平而言是否适当		
7	这些工作流程中，是否已剔除无意义的重复性内容		
2-3 资源			
8	是否提供了圆满完成工作所需的资料、物资和辅助设施等		
9	这些资料、物资和辅助设施是否根据工作的需要进行了有效的调整		
10	在避免不必要干扰的同时，能否让工作条件具备舒适感		
3-1 激励			
1	岗位的薪酬是否具有竞争力		
2	针对好的绩效，是否能给予相对应的奖金或加薪待遇		

（续）

序号	问 题	是	否
3	好的绩效与职业晋升机会之间是否具有相关性		
4	绩效好（基于结果而不是行为）的员工能否获得有意义的非金钱激励（如表彰）		
5	这种非金钱激励的频率是否合适，既不过分频繁（丧失意义），也不过分罕见（变得毫无用处）		
6	员工是否因为绩效好而免于受处罚		
7	是否会出现对于不良工作表现听之任之的情况		
8	员工是否因为缺乏隐性的激励而使绩效表现糟糕		
4-1 知识和培训			
1	员工是否了解绩效带来的结果		
2	员工是否能掌握绩效的本质？是否已经构建了绩效总蓝图		
3	员工是否具备良好绩效的技术概念		
4	员工是否具备完成工作的基本技能（如阅读、使用电脑等）		
5	员工是否具备充分的专业技能		
6	在经过初次培训之后，员工是否经常使用培训中学到的技能		
7	组织是否具备良好的工作支持系统		
5-1 能力			
1	员工是否具备迅速而准确地掌握必要知觉辨认的基本能力		
2	员工在情绪上是否能做到不受任何限制，从而避免对绩效形成干扰		
3	员工是否具备充分的实力和灵活程度，从而确保较好地完成工作		
6-1 动机			
1	员工在入职时看上去是否怀有实现良好绩效成果的愿望		
2	员工的动机能否持久？人员流动率能否保持在较低水平		

利用绩效面谈表与下属复盘

绩效沟通是绩效管理的核心，是企业与员工绩效改善和提高的一种重要管理方法。绩效沟通在整个人力资源管理中占据相当重要的地位。一般来说，公司的月度经营会议结束之后，管理者需要与相关员工做绩效沟通。

如何与员工做绩效沟通呢？我们可以利用绩效面谈表这个工具。表 8-6 就是绩效面谈表。

表 8-6　绩效面谈表

被考核人	项目	岗位	部门
高效 KPI	指标名称	成功经验总结（员工自述）	双方对经验的总结及标准化
待改善 KPI	指标名称	差距分析及下一步改善计划（员工自述）	双方对差距的分析及制订改善计划
待改善技能或综合能力素质	能力要项	差距分析及下一步改善计划（员工自述）	双方对差距的分析及制订改善计划
员工对自我发展的规划	你更愿意从事：管理工作（　　）；技术或专业工作（　　）；暂不明确（　　）；其他工作（　　）		
绩效面谈后双方签字确认			
员工签字：　　　日期：　　　主管签字：　　　日期：			

针对员工本身存在问题的情况，我们可以采取跟员工一对一面谈的方式来解决。表 8-6 给出的就是我们面谈时需要注意的问题。首先，我们需要了解员工高效 KPI 的指标是什么，分别从岗位和部门来沟通、分析；其次，我们还要去了解员工亟待改善的 KPI；再次，我们要帮助其清楚自身的不足，挖掘有哪些技能或需要提高的能力；最后，再对员工的自我发展做一个方向性的规划。

作为领导者，沟通要带有目的性，有技巧地跟员工聊天，要主动引导员工去思考自己的意愿、能力以及准备怎样将工作效率提高。千万不要把谈话的氛围弄得严肃僵硬，要让这次谈话在轻松、友好的气氛中结束，才能达到最理想的效果。通过这样的方式，让员工能自主进行自我提升。

如果我们采取尖锐的态度与员工进行绩效沟通，在沟通完之后，员工黑着脸就跑了。他们感觉被老板骂了一通，后续的工作状态肯定会受到很大影响，不仅没有解决现存的问题，反而出现更多的新问题。绩效沟通的目的不是去指责或者批评他人，表达自己的愤怒和失望；而是要告诉员工，作为领导的期望，让他了解自己需要改进的地方，然后坚定他的信心，拿到他的承诺。

与员工的绩效沟通，要根据实际情况的不同，来选择最合适的方法，不能太过死板。以我本人为例，我学的是理科专业，本身并不擅长与人沟通或者谈心；而且，我的下属对我太熟悉了。我在绩效沟通时讲了一句话，他大概能猜出来我后面将要讲什么内容，所以我与下属做绩效沟通时，就直接与他核对各类数据，直奔主题。

　　绩效沟通的主要形式是面谈，因此也可以将绩效沟通称为绩效面谈。那么，我们应该如何把握绩效面谈的流程呢？首先，我们需要进行面谈准备，如总结下属有哪些方面的表现，在哪里进行绩效面谈等。在绩效面谈中，我们要学会进行开场，让员工进行真诚的结果反馈，并制定改善绩效的措施、方法和计划。最后，再给予员工鼓励。如表8-7所示，是绩效面谈流程的复盘工具。

表8-7　绩效面谈流程的复盘工具

序号	面谈流程	复盘要项	执行与否		如何改善
			是	否	
1	面谈准备	我总结了下属的绩效表现			
		我通知了下属总结绩效表现			
		我为下属准备了下一阶段的绩效计划			
		我合理安排了面谈的时间和地点			
2	面谈开场	我营造了和谐的面谈气氛			
		我向下属说明了面谈目的			
		我向下属说明了面谈程序			
		我向下属说明了面谈所需的时间			
3	结果反馈	我给了下属恰当的正面反馈			
		我给下属总结了成功的经验			
		下属自己总结了成功的经验			
		我给了下属分享他个人成功经验的机会			
		我给了下属恰当的负面反馈			
		针对不良绩效，我给了下属解释的机会			

（续）

序号	面谈流程	复盘要项	执行与否		如何改善
			是	否	
3	结果反馈	我给下属的反馈很具体			
		我给下属的反馈着眼于积极的方面			
		我的反馈对事不对人			
4	绩效改善	我和下属一起分析绩效未达成的原因			
		我帮助下属找到了绩效未达成的原因			
		下属主动找到了绩效未达成的原因与改善方法			
		针对如何改善绩效，我给了下属建议并与其达成共识			
		下属制订了具体的绩效改善计划			
		为达成绩效，我给下属提供了资源支持			
5	绩效计划	对考核指标我和下属达成了共识			
		我确认下属理解了考核指标的内涵			
		关于指标目标值，我和下属达成了共识			
		关于指标权重，我和下属达成了共识			
		关于指标评分标准，我和下属达成了共识			
		我和下属找到了达成指标的策略			
		下属制订了具体的绩效达成计划			
6	员工激励	我给了下属精神激励			
		我们愉快地结束了绩效面谈			

管理者在进行完绩效面谈之后，可以根据表 8-7 中的 6 个流程步骤，对自身做一个复盘。这样，在下一次的绩效沟通时，就能更有针对性地与被考核者进行有效沟通。

8.3　绩效兑现：绩效工资的激励作用

在很多企业中，员工的工资构成都含有绩效工资这一项。绩效工资反映了员工的具体工作量和工作内容，绩效工资的兑现过程被称为绩效兑现。在本节中，我们将学习绩效兑现的相关内容。

兑现期限的时间节点设定

既然我们将工资作为绩效兑现的手段，那么员工最为关心的问题就是何时发放绩效工资了。

对于绩效工资的兑现，不同企业有不同的时间节点。例如，某企业绩效工资兑现的时间节点安排为季度兑现、半年兑现、春节前兑现一部分、5月兑现一部分等，如表8-8所示。

表8-8　某企业的绩效工资兑现的时间节点示例

序号	绩效工资兑现的时间节点
1	季度兑现
2	半年度兑现
3	春节前兑现一部分
4	5月兑现一部分

通常而言，绩效工资的兑现节点安排越多越好，这样可以持续地鼓励员工迸发潜力，不断创造业绩。这样分段兑现，可以持续激励员工不断为经营目标奋斗，在各个阶段都能完成经营任务。

但是，这样的兑现在实际经营中也存在一些问题，需要由老板和员工协调一致来解决。

激励和协调是兑现绩效的思路

有一位企业老板和员工协商，如果该年度总业绩达到 2 亿元，就给大家发放 100 万元的奖金。但是，当年的经营目标不仅没达到，反而还亏损了。此时，老板改变了主意，称奖金不发放了。

这样做有何弊端？这样做会打消员工的工作积极性，使他们对企业和老板产生信任危机。此时，老板正确的做法是继续发绩效工资，但不是给所有人都发。具体做法如下：

（1）先给完成了业绩的员工发放全部的绩效工资。

（2）有部分任务没有完成的员工，要根据工作的完成情况，进行绩效工资的梯度发放。

为什么老板应该这样做呢？理由主要有两点。其一，不给完成经营任务的员工发绩效工资，会磨灭他们的工作热情，打击他们的工作信心；其二，分梯度发放绩效工资，能够让那些没有完成工作目标的员工更加努力工作，找到自身的不足，并促使自己拿到更多的绩效工资。

如果员工只完成了很少的业绩量，那也需要给他们发放一些绩效工资，表示对其的肯定和激励。既然如此，经营者应该如何界定发放绩效工资的业绩完成量呢？有的公司的奖金计算体系里有一个业绩完成系数，这个系数通常在 0.7 ~ 1.3。一个团队应发绩效工资的业绩完成系数，再差都需要达到 0.7 这条底线。如果业绩完成系数连 0.7 都没达到，那就有理由不予兑现绩效工资了。

如果经营者发现年底业绩目标完不成，又应该如何做呢？

首先，作为企业经营者，我们不能调低目标。一旦养成目标达不到就调低的习惯，员工就会产生"讨价还价"的心理。如果特殊年份（如受新冠肺炎疫情影响的年份），遇到一段无法组织生产的时间，可以把兑现年度经营目标的截止时间往后顺延一段时间。

其次，作为企业经营者，在顺延的时间里，员工需要达到多少业绩，应做一个激励方案。假如员工在顺延的两个月中，预计能够做出200万元的业绩，如果我们做一个激励方案，让其完成300万元的业绩，这样就可以弥补全年目标没有达成的部分。

另外，还有一个更好的解决方案。假设企业在今年完成1亿元的业绩目标时，可以给员工发放100万元奖金。但是，今年只完成8 000万元的业绩。8 000万元的业绩对于公司来说是亏损的。此时如何给员工发绩效工资呢？如果不发，则员工会产生心理落差，不利于新年度的工作。我们可以先只发20万元。公司的盈亏平衡点是9 000万元的业绩，今年只做出8 000万元，则出现了1 000万元的业绩缺口。剩下的80万元奖金，老板可以这样和员工承诺："我们今年是差了2 000万元，如果新的一年，我们把这2 000万元缺口补回来了，新年度的绩效工资全额发放，并且将去年的80万元发放给大家。"这样做，能够保证在新的一年里，员工们会十分积极地把上年度的2 000万元业绩缺口补齐。

企业的员工是完成业绩的主要操作者，绩效工资能够激励他们努力工作，所以绩效工资如何发放，需要经营者进行认真思考。薪资福利到位，员工才会更加努力地去争取更好的业绩，为企业创造更多的财富。企业也能因此获得更多的利润，逐渐发展壮大，越做越强。

复盘经营计划八

跟踪企业的年度经营计划

1. 月度会议

请您根据您所在企业的特点，制定一个月度会议的流程，并规划每个步骤的具体汇报事项，将复盘内容填入表 8-9 中。

表 8-9　月度会议流程工具

步骤	具体流程	具体汇报事项
1		
2		
3		
4		
5		
6		
7		
8		

2. 周例会

请您根据您所在企业的部门，设计下一次周例会要讨论的具体事项和细节，将复盘内容填入表 8-10 中。

表 8-10　周例会的具体事项

序号	具体事项	具体要讨论的细节
1		
2		
3		
4		
5		
6		
7		

3. 改进绩效措施 BEM 点检表

作为一个企业经营者或管理者，请您认真阅读前文中表 8-10 中的各项问题，并复盘自身是否符合问题描述，在符合的框中打"√"。

4. 绩效工资兑换

请您结合您所在企业的经营特点，为企业的员工设计一个绩效工资的兑现方案（结合实际，给出业绩未达标的绩效兑现解决措施）。

Chapter Nine

第 9 章

企业能力匹配

9.1 组织能力的"三维模型"

何为企业的能力匹配？简单来说，在经营企业的同时，需要不断发展并突破企业自身的能力，使其能持续地适应不断变化的外部经营环境。企业的能力匹配是企业年度经营循环的内循环。

在第 3 章，我们学习了年度经营循环。第 4～9 章主要介绍的是年度经营循环的"外循环"，分别介绍了市场洞察、战略设计、战略地图、驱动要素、措施设计、措施实施、绩效评估、持续改进等 8 个以经营为核心的"外循环"。在本章中，我们将从氛围、人才、治理等 3 个方面培养组织能力，使企业的能力能够匹配不断变化的经营需求。

组织能力的 3 个要素：氛围、人才、治理

企业能力很大程度上取决于企业组织能力的培养。现代管理学之父德鲁克曾这样强调组织建设的作用，他说："今天的组织需要的是由一群平凡的人做出不平凡的事。"中国式管理之

父曾仕强也认为："组织的功能，在于聚合人的力量，协同一致。"因此，如何培养组织能力，是发展企业能力的关键。

例如有一个大学毕业生想要创业，他家里也不缺钱。此时，他有更多的精力去完成产品和服务的创新。这也意味着，假如他和你在同一个行业赛道，他在未来发展上将更具优势。如果我们不能提升企业的能力，不去思考改善组织构架，提升组织内人才的能力，企业经营的竞争优势将会越来越小。

诚然如此，我们应该如何建设企业的组织能力呢？

我们可以从氛围、人才和治理3个方面提升企业的组织能力。如图9-1所示，是企业组织能力的"三维模型"。

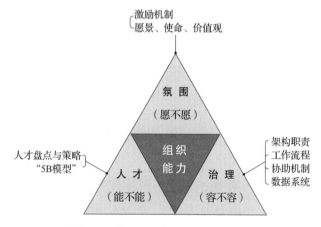

图9-1　企业组织能力的"三维模型"

一家公司就像是一簇熊熊燃烧的火堆，每一个员工都相当于一根木柴。木柴之间会相互促进燃烧。如果我们把其中一根木柴从火堆里抽离出来，对整个火堆可能并没有太大的影响；但如果我们连续不断地抽出燃烧的木柴时，火焰会慢慢变小，相互之间的促进作用也会减弱。如果此时公司招收新的员工，即添入"新柴"，这些"新柴"点燃的过程也会变得更慢。这说明企业在培养组织能力时，要注重人才资源的沉淀，不能太"浮"了，觉得人才没有价值就放弃了。人才是培养组织能力的第一个维度，它解决的是组织能力能不能建立起来的问题。

在企业组织的人才建设上，主要分为人才策略和人才的"5B 模型"。我们已经在第 2 章中阐述过了人才策略，就不再赘述。那么，什么是人才的"5B 模型"呢？如图 9-2 所示，是人才建设的"5B 模型"。

图 9-2　人才建设的"5B 模型"

在企业的人才建设上，经营者可以通过数量和质量两个方面进行。数量上，可以招聘（Buy）新人才，从外部企业借用（Borrow）人才（如聘请外包公司的人才等）；在质量上，主要通过培养（Build）新人才、保留（Bind）现有人才、淘汰（Bounce）不合适的员工等方式，建设企业的人才队伍，培养企业的组织能力。

企业组织能力培养的第二个维度是氛围。组织氛围主要通过激励机制和愿景、使命、价值观这几个方面的建设实现。企业组织能力培养的第三个维度是治理。治理主要解决的是企业的构架职责、工作流程、协助机制、数据系统等方面，是否适应人才能力的培养。

把企业组织能力培养的3个维度综合起来考虑，经营者在组织企业经营活动的同时，需要不断调整内部的组织管理模式，确立企业的愿景、使命、价值观，建设人才队伍，完善各部门、各岗位的工作流程规范，量化绩效数据指标，建立激励机制。这样可以使企业的组织构架更加明确清晰，使企业中人才的能力不断提高，使企业文化的内涵更加丰富，最终建立分工明确、责权清晰、协同一致、你追我赶的高效经营管理模式，推动企业经营模式的升级和规模的扩大，使企业不断做大做强。

突破短视频：博商组织能力的建设

博商在探索新经营模式的过程中，发现了一个业绩潜力增长点——短视频平台产品。博商围绕短视频平台产品，在人才、氛围和治理3个维度提出了具体的方案。表9-1是博商组织能力建设的具体方案。

表9-1 博商组织能力建设的具体方案

序号	维度	项目	方案
1	人才	人才盘点与策略	①网红师资素质模型；②网红类目的数量模型；③团队素质模型
		"5B模型"	①招聘进度规划；②运营团队数量规划；③培训规模

（续）

序号	维度	项目	方案
2	氛围	激励机制	①短视频运营的激励机制；②产品人员的激励机制；③新账号、新老师、新平台的激励机制；④线索转换的激励机制；⑤小店运营的激励机制
		愿景、使命、价值观	①成为财经、经管类的头部 MCN；②成为"企业培训界美团"；③成为业界值得信赖的机构
3	治理	架构职责	成立 3 个短视频运营团队
		工作流程	①师资开发流程；②内容审核流程；③产品评审流程
		协助机制	①账号管理规范；②老师联合工作小组
		数据系统	①与博商 CRM 对接；②线索跟进转换流程

制作并售卖一款短视频产品，一般需要 5 个角色的支持。第一个角色负责寻找视频 IP，第二个角色的任务是打造 IP 的内容，第三个角色是负责短视频的录制、剪辑，第四个角色负责做小店运营，第五个角色负责做客服沟通。

确定了短视频产品的 5 个角色之后，我们就可以套用组织能力的"三维模型"，制定具体的组织培养方案了。以人才这个维度为例，在人才盘点与策略这个维度，博商根据自身实际情况，结合市场形势的变化，分别制定了网红师资素质模型、网红类目的数量模型、团队素质模型等 3 个模型方案。在"5B 模型"的角度，制定了 3 个人才队伍建设的方案，分别是：招聘进度规划、运营团队数量规划、培训规模等。

通过具体方案的制定，博商在短视频的运营方面取得了不错的成绩。目前，我的短视频在抖音平台的播放量已经突破 2 000 万次。博商还有许多学识丰富又极具网感的老师，同样经过这样的营销模式，传播了许多优秀的企业经验和知识。

博商通过企业组织能力的建设，使自身经营能力能够持续适应市场的变化。在互联网产业不断发展的今天，博商已经开始逐渐在短视频平台上崭露头角，朝着自身的目标奋力前行。

9.2 以品牌运营企业为例：组织能力匹配企业发展

品牌运营企业的组织能力架构建设

有许多中小企业从事的是零售电商行业，运营对于这些企业来说至关重要。在本节中，我们用某个零售品牌运营公司的组织能力建设做具体案例，帮助大家提高企业的能力匹配度。此外，我们将学习成就动机理论，了解如何从员工的行为动机方面来促进企业业绩的提升。

某零售品牌专注于为企业提供内贸电商的解决方案，主要职能是帮助电商企业运营线上渠道，获客的方式主要是广告投放。比如在天猫商城，只要输入相关信息，就可以搜索到该公司的广告。换言之，该公司拥有很强的线上拓客能力。

该公司的目标并不仅仅是线上运营。公司内部的经营目标是发展新的运营渠道，去攫取更多的线下头部客户，并且将客户进行升级，打造更为强大的线下招商能力。通过人才、氛围和治理 3 个维度的分析，该零售品牌运营公司制定了符合公司特点的组织能力建设方案，如表 9-2 所示。

表 9-2　某零售品牌运营公司的组织能力建设具体方案

序号	维度	项目	方案
1	人才	人才盘点与策略	①打造"1+6"分队模型的团队架构，即 1 个领导、6 个岗位；②提高分队负责人制定目标、跟进过程、"漏斗管理"的能力；③培养分队的电商运营能力、逻辑思维能力、线下销售能力；④线下销售人才要求：学习能力强、形象好、有一定的面销经验等
		"5B模型"	①内部培养，提拔或单独设立新销售部门；②外部招聘；③将内部培养和外部招聘人员分配到不同分队中
2	氛围	激励机制	①设立里程碑奖励；②设计节点奖励
		愿景、使命、价值观	帮助更多中小内销电商企业的运营，降低它们的运营成本，使其在经营道路上少走弯路；同时让自身成为业界值得信赖的机构
3	治理	架构职责	①对外分享。作为一家专业的运营公司，将本企业的知识体系分享给这些中小企业；②懂得如何分享专业知识，做好专业咨询顾问的角色；③人才思维逻辑性强，将生产的内容能够条理清晰地表达出来
		工作流程	①规范课件制作和分享的流程；②规范协同谈单的流程；③识别优质客服流程
		协助机制	①装单处理的协同；②跨业务、跨区域的开单协调
		数据系统	①数据建档；②特殊报价申请；③审核合同、客户确认的交付工作系统建设

该零售品牌运营主要通过以下 3 个方面实现组织能力的培养。

（1）在人才策略上，突出构建销售分队的模式，推崇"1+6"形式的分队模型，让分队领导者可以更高效地管理、培养每个下属，实现员工价值的最大提升，从而达到提升业绩的目标。

（2）在氛围的建设上，该公司也有自身和社会两个方面的考量。在公司的愿景和使命上，该公司站在一个更高远的角度，把自身当作一个企业服务者，用同理心去服务好每一家公司。将自身的使命定为：帮助更多中小内销电商企业在鱼龙混杂的市场中认清运营本质，降低运营成本，使其在经营道路上少走弯路。这样的使命不仅实现了自我价值，在社会层面更具有深远的意义，是一个很有远见的决策。另外，在激励机制方面，将节点奖励和里程碑奖励相结合，使员工拥有持续的动力，是一个不错的激励方式。

（3）在治理上，该企业主要从知识的分享、面销谈单的技巧以及自身数据库的建设等方向，制定了提升企业组织能力的措施。这些措施可行、可推进，也不失为好的方案。

通过组织能力的"三维模型"，众多中小企业可以快速对标业界拥有高品质组织能力的标杆公司，使企业在经营时找到适合自身发展的新的组织架构和模式，为业绩的快速增长插上腾飞的翅膀。

培养组织中的个人能力

当我们建设组织能力的时候，通常也会想到如何培养组织中个人的能力。如何培养组织中个人的能力呢？

这里我们需要运用一个理论——成就动机理论。成就动机理论由美国哈佛大学的戴维·麦克利兰（David C. McClelland）教授提出。他认为，人的高层次需求可以归纳为对成就、影响力和亲和的动机。

（1）成就动机：指通过争取获得实际的成功来获得他人的认可。对于企业中的人而言，成就动机通常包括提高效率、克服困难，并做出业绩的能力。

（2）亲和动机：指与他人建立亲密、友好关系的动机。这类需求往往倾向于避免人际交往中的冲突，会设身处地地站在他人角度思考问题。对于企业而言，一定的亲和动机有利于缓和压抑和竞争氛围；但过度提倡亲和动机，会导致工作原则的丧失，从而降低工作效率。

（3）影响力动机：是指能够通过自身的行为、思想、言语，以及其他力量影响他人、控制他人，使其能够心甘情愿地为某个目的做事的动机。对于企业中的人而言，这类动机通常表现为领导力、掌控力和威慑力。

不同性格特征的人有不同的动机类型。可以说，动机的先天性倾向大于后天的培养。我们在对企业员工进行职位定位时，要注重他们自身的动机特点。那么，对于以销售为主要业绩增长点的企业而言，应该如何培养组织中人的能力呢？我们可以从领导和销售人员两个角度着手分析。图 9-3 是两种企业职位的成就动机分布。

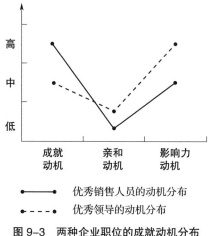

图 9-3　两种企业职位的成就动机分布

　　其一，对于企业的销售人员而言，如果想要做出高额业绩，就要抱着必胜的心态，因此，高水平的成就动机必不可少。销售也是一个竞争相对较为激烈的职位，在亲和动机方面的需求较低，在影响力动机方面也是如此。

　　其二，对于企业的领导者而言，如果想要管理好一家企业，则需要提升自身的掌控力和威慑力，此时需要有很高的影响力动机，这样才能让下属高效执行任务。一个优秀的领导者本身可能在做业绩方面并没有很高的天赋，即成就动机体现不突出；但通过影响、指挥他们的下属团队执行经营目标，也能创造出不俗的业绩。

　　假如让一个精通销售技巧的销售人员去做领导，这样可不可以呢？如果这样做，你会发现，不久之后，这个"领导"会自己去做业绩。为什么呢？因为他觉得自己的下属销售团队业绩做得不理想，还不如自己上阵，这样业绩来得更快。虽然这样做并没有什么问题，但这种"牛鼎烹鸡"的做法实在不利于整个企业组织架构的建设，会间接拖慢企业发展的速度。

对于销售型企业而言，经营者在培养企业的组织能力时，要针对不同岗位的成就动机特点，分配具有对应特点的员工去做。成就动机强的员工做销售、做业绩；影响力动机突出的员工往管理的方向培养；对于亲和动机较强的员工，可以培养其走上企业的咨询、顾问、服务岗位等，或者培养他们其他方面的动机，以弥补不足。

企业组织架构的变革是企业自驱的方式，用伟大的组织成就伟大的企业，就是这个道理。经营者在做年度经营计划的时候，要去思考如何构建企业的核心组织能力，摆脱对某个个体的依赖。这样做，随着组织能力越来越强大，企业的目标就会变得越来越远大。因此，经营者需要重视企业组织能力的匹配。

复盘经营计划九

培养企业的组织能力，复盘年度经营计划

1. 组织能力的"三维模型"

在本章中，我们学习了组织能力的"三维模型"。请您根据所学，结合您所在企业的具体情况，制定一个培养组织能力的具体方案，将复盘内容填入表 9-3 中。

表9-3　企业组织能力建设具体方案工具

序号	维度	项目	方案
1	人才	人才盘点与策略	
		"5B 模型"	
2	氛围	激励机制	
		愿景、使命、价值观	
3	治理	架构职责	
		工作流程	
		协助机制	
		数据系统	

2. 复盘年度经营计划

亲爱的读者，相信在读完整本书之后，您已经对制订一个完整的年度经营计划有了清晰的思路。本次的复盘，将约定在您实施新年度经营计划的时间区间末尾。请您对您所在企业的年度经营计划进行一次复盘，总结其核心经营痛点、经营思路、经营措施和经营成果，将复盘的内容填入表9-4中。另外，我们也祝您今后的事业越来越兴旺！

表9-4　复盘年度经营计划工具

项目	说明
核心经营痛点	
经营思路	
经营措施	
经营成果	